TEACH LIKE FINLAND

如何让孩子喜欢上学

芬兰教育少教多学的33个策略

[美] 蒂姆西 · D. 沃克 Timothy D. Walker 著

33 Simple Strategies for Joyful Classrooms

中国青年出版社

图书在版编目（CIP）数据

如何让孩子喜欢上学：芬兰教育少教多学的33个策略 / (美) 蒂姆西 · D.沃克著；侯雯洁译. -- 北京：中国青年出版社, 2025. 8. -- ISBN 978-7-5153-7824-4

Ⅰ. G424.1

中国国家版本馆CIP数据核字第20251XN953号

如何让孩子喜欢上学：芬兰教育少教多学的33个策略

作　　者：[美] 蒂姆西 · D. 沃克
译　　者：侯雯洁
责任编辑：肖妩嫔
美术编辑：佟雪莹
出　　版：中国青年出版社
发　　行：北京中青文文化传媒有限公司
电　　话：010-65511272 / 65516873
公司网址：www.cyb.com.cn
购书网址：zqwts.tmall.com
印　　刷：大厂回族自治县益利印刷有限公司
版　　次：2025年8月第1版
印　　次：2025年8月第1次印刷
开　　本：787mm × 1092mm　　1/16
字　　数：130千字
印　　张：14
京权图字：01-2025-1643
书　　号：ISBN 978-7-5153-7824-4
定　　价：49.90元

致我的孩子们

米赛尔·卡里奇和阿黛莉亚·乔伊

目录

各方赞誉 007
推荐序| 帕西 · 萨尔伯格 011
前言 019

第一章 幸福感 027

策略 1：安排短暂大脑休息时间 /033
策略 2：具身学习：将站立或运动融入课堂 /039
策略 3：放学后充电：师生都拥有自由时间 /049
策略 4：学习空间简约化 /055
策略 5：呼吸新鲜空气 /060
策略 6：走进大自然：去野外探险吧 /064
策略 7：保持平静 /069

第二章 归属感 077

策略 8：组建学生福利团队 /080
策略 9：了解每个孩子 /083
策略 10：和学生一起游戏 /088
策略 11：庆祝学生的学习 /093
策略 12：追求班级梦想：以班级营地之旅为例 /097
策略 13：消除霸凌行为 /103
策略 14：伙伴制度：结伴帮扶 /107

第三章 自主性 111

策略 15：从自由开始 /115
策略 16：留白体验 /120
策略 17：提供有意义的选择 /125
策略 18：与学生共同规划 /129
策略 19：让教学贴近现实 /135
策略 20：强调责任 /141

第四章 精通度 147

策略 21：教授核心知识 /150
策略 22：深度挖掘教材价值 /156
策略 23：合理利用技术 /160
策略 24：引入音乐 /164
策略 25：设计学习目标，在实践中引导更多 /168
策略 26：运用创新方式与批判性思维证明学习结果 /175
策略 27：讨论分数 /179

第五章 心态与思维模式 185

策略 28：追求心流状态 /189
策略 29：增强心理韧性 /192
策略 30：咖啡时光中的漫谈与合作 /196
策略 31：构建开放课堂：欢迎专家参与 /200
策略 32：充分利用假期放松身心 /204
策略 33：别忽视快乐的重要性 /207

精彩回顾：芬兰教育少教多学的33个策略 209
致谢 221

☆☆☆☆☆

各方赞誉

蒂姆西·沃克提供了一个引人入胜且发人深省的视角，他并未将美国与芬兰置于对立面，而是揭示了两国教育体系之间相互学习的可能性……对于那些希望了解教师如何通过反思来推动教育改进的教育从业者和研究者而言，这本书具有重要的参考价值。

——《**图书馆杂志**》

尽管如此，蒂姆西·沃克成功提炼出33种策略，这些策略能够较为便捷地融入美国教育体系……本书奉行的理念致力于营造一种轻松、灵活且充满热情的学习氛围，这种氛围对芬兰的师生均产生了积极影响。教育工作者及家长对此表现出浓厚兴趣。

——《**书单**》

蒂姆西·沃克是我所接触过的最具思想深度的教育专家之一。作为一名曾在美国学校任教的教师，他在芬兰课堂中的观察结果令许多读者感到意外：一些被我们忽视的传统理念在芬兰却展现出卓越效果，而部分芬兰最有效的教育策略实际上源于美国教育实践。沃克以清晰且独到的视角，详细解析了日常互动、政策制定、课程设计、操作流程、教师之间的同事关系以及对学生期望的具体内

☆☆☆☆☆

容。书中还引用了多位芬兰教育工作者的观点，有力回应了关于芬兰教育模式是否适用于美国及其他国家的质疑。本书内容充实，为当前关于哪些教育方法行之有效的讨论提供了重要参考。它不仅是教育从业者的专业礼物，也是一本值得与同事及家长分享的佳作。

——里克·沃米利

《公平并不总是平等》作者

蒂姆西·沃克提出的建议切实可行，旨在构建以幸福为核心的学校环境。这些建议基于幸福的五个关键要素进行编排：幸福感、归属感、自主性、精通感以及心态与思维模式……每项建议均辅以作者自身课堂经历中的生动案例，并展示了他如何克服美国传统观念的限制，从而接纳并实践这些建议……所有建议均强调了在教育中重视幸福感而非单纯追求成就的重要性。

——《书页》杂志

数年前，我利用春假时间走访了赫尔辛基及其周边地区的多间教室，试图探寻芬兰教育成功的秘诀。尽管那次经历令人受到启发，但我后来意识到，只需阅读蒂姆西·沃克的《如何让孩子喜欢上学》一书即可获得答案。凭借其独特的美国视角，沃克精准剖析了教学方法、日常惯例、教育理念及目标方面的核心差异，为全球教师提供了明确的方向，帮助他们有意识地将课堂打造得更具“芬

☆☆☆☆☆

兰特色”。我强烈推荐此书给每一位致力于提升教学质量的教育工作者。

——保罗·索拉兹

5年级教师、《像高手一样学习》作者

通过提升课堂的愉悦感并减轻教师的工作负担，是否能够有效促进学生的学习效果？这一理念看似难以实现，但芬兰已成功验证其可行性。蒂姆西·沃克在其引人入胜且意义深远的著作《如何让孩子喜欢上学》中，详细阐述了美国教育工作者如何借鉴芬兰经验并加以应用。该书值得教育领域人士广泛阅读与深入探讨。

——托尼·瓦格纳

《用心学习》《重新定义教育》作者

本书逻辑清晰、思考深刻且富有启发性，提出了33种具体策略，这些策略不仅能够显著提升教学与学习的幸福感，还能大幅提高教育成效。阅读过程中，我未曾产生“这怎么可能实现？”或“我们无法做到！”的质疑，反而反复认同“理应如此！”并反思“为何我们偏离了教育本质的核心真理？”。

——卡罗尔·安·汤姆林森博士

差异化教学研究代表人物

推荐序

——帕西·萨尔伯格（Pasi Sahlberg）

芬兰教育家、哈佛大学客座教授

早在2000年，撰写这样一本书几乎是不可想象的。彼时，全球教育图景与今日大相径庭。英国刚刚经历了10年的深刻学校改革，其核心在于拔高学业标准，强化对学生的评估，彻底改变了所有学生和教师的生活。瑞典正在推行堪称是最激进的教育学校改革之一，通过教育券制度为家长提供了选择替代教育的新途径，创建了新型免费学校。与此同时，东南亚地区、日本、中国香港、韩国和新加坡正重新塑造其教育体系，以适应更快的发展节奏和更高的学习成果，特别是在阅读、数学和科学方面提升其教学贤能。美国各州纷纷加入教育实验，重点是加强对教师和学校的问责制，以提高学生的学业表现和毕业率。那个时期，标志着全球教育正迈入追求卓越的新纪元，各国家和地区不遗余力地通过教育变革追求更高的成就。

如果在2000年写成这本书，它可能会像当时许多类似的书一样难逃时代的窠臼，要么倡导全新的教师绩效模式、扭转失败的校改策略，要么呼吁推进全面改革教育体系。如果在一次国际教育峰会上询问与会者，要去哪里寻求教育创新灵感和良好的方案来促进自身专业教学发展或改进学校的工作，大多数人可能会选择上述提到的国家。你也会听到一些人提及澳大利亚、新西兰、德国或荷兰的教育进展。那时，这些国家已实施了全新且有趣的学业检测体系，可以随时向家长通报学校的表现情况，而且在教育领导力重塑方面也有所突破。各个国家和地区的教育研究的考察目的地和跨国教育研究项目也常常聚焦上述教育先锋，不断从中摸索创新和变革的方向。

在当时，芬兰教育实践始终游离于国际视野之外，几乎没有人会想到芬兰在教育方面有任何值得借鉴之处。

然而，这一切在2001年12月发生了根本性变化。经济合作与发展组织（OECD）首次公布了针对15岁青少年在阅读、数学和科学方面所掌握技能的国际研究结果，即国际学生评估项目（PISA），芬兰这个北欧小小的国家骤然成为全球的焦点。出乎所有人意料的是，芬兰这个人口仅有550万的小国，在这项测试中的得分竟超过了其他所有31个经合组织中的国家和地区。此外，芬兰学生在不同学校之间的成绩差异很小，而且学生的家庭背景对其学业的影响也比其他国家小得多。更令人称奇的是，芬兰似乎仅用相对较少的教育资源就取得了这些令人瞩目的成绩。难怪全球教育界都为之震动。

国际教育界和全球媒体对芬兰的意外崛起感到震惊和困惑，芬兰教育当局也对此议论纷纷。一时间，芬兰教育界陷入沉思，教育主管部门、学者和评论家之间出现了激烈的讨论，似乎没有人能对芬兰学校在国际标准下的卓越表现给出合理的解释。颇具讽刺意味的是，直至PISA结果公布前，芬兰自20世纪70年代推行的九年一贯制学校体系（1—9年级）正遭遇多方诟病。中学与大学机构指责这种新学校逐渐降低了学生进入高等教育时应具备的知识水平和技能水平。一些雇主也加入了批评行列，称生长在这类教育体系下的年青一代在毕业后缺乏良好的职业道德，他们往往被教导追求安逸、逃避艰苦工作。还有家长认为，那些更有能力、更有天赋的孩子在综合学校里没有足够的空间来充分发挥他们的潜力。改革呼声多主张效仿他国经验，却未料本土的教育体系即将震撼世界。

建议的改革措施包括设立更高的标准、提供更详细的学生成绩信息、赋予家长更多择校权，以及为有天赋的学生设立专门学校。2001年12月之后迎来逆转，大多数针对芬兰综合教育体系的质疑声锐减，可以肯定地说，如果芬兰没有在此次PISA中取得令人咂舌的成绩，本书恐难问世。

面对国际社会和多方人士对芬兰教育成功的提问和咨询，芬兰人是如何回应的呢？芬兰教育界提炼出5个关键要素，他们认为有5个关键因素使得芬兰学生的表现优于其他国家的大多数同龄人。其中4个因素直接与学校及其职责相关，另外一个则更侧重于孩子不在学校时的情况。需要特别说明的是，你应该记住，在复杂的教育系统中进行归因分析以解释某事为何发生时，必然存在一定程度的合理猜测空间，永远无法做到百分之百确定。

要素1：芬兰人认为，让孩子7岁入学的义务教育体系为所有孩子提供了均衡、全人发展的教育框架，为良好的、公平的学习奠定了基础，并且在教育和发展的全过程中始终以儿童为中心。芬兰学校的课程体系采取学科均衡配置原则，给予每个孩子都能发展多元智能与个性特质的机会，并允许他们充分地展示自己的才能。私立教育机构的缺失消除了校际竞争压力，所有学校都必须成为优质学校——无论它们位于哪个学区或者服务的群体是谁。芬兰的大多数学生都在社会背景混合的班级中学习，不会因能力或社会经济地位而被分流或隔离。在过去40年里，这种包容精神塑造了教师和家长的观念，让他们相信只要给予适当且充分的支持，任何人都能在学校学到预期的知识，成功塑造了“每个孩子皆可成才”的社会共识。因此，关注学生的在校幸福感、健康度和快乐指数已成为全芬兰教育的教育评估的核心维度之一。

要素2：芬兰人很早就意识到，要成功教授异质性班级，就需要比20世纪70年代之前更优秀的教师。因此，芬兰启动教师教育体系升级工程，将师资培养从师范院校转入研究型大学。作为20世纪80年代高等教育改革的重要组成部分，教师也必须像芬兰的其他专业从业人员一样，师范生须完成研究型硕士学位课程才能毕业。师范毕业生在正式成为教师前，就接受了涉及多个前沿领域的培训，涵盖发展心理学、儿童心理学、教育学、特殊教育、学科教学法和课程设计等多个领域，这使得他们在学校承担了更广泛的专业责任。在20世纪90年代，芬兰一线教师群体被寄予厚望，他们已具备自主开发校本课程、创新教学策略、评估学生学习成果、自主规划自身职业发展和成长的专业能力。这种持续强化的专业赋能机制，构建起芬兰全社会对教师职业和学校的高度信任，进一步提升了教师的地位，进而形成“以教为荣”的良性人才吸引循环，以教师为己业在芬兰年轻人中间独具吸引力。

要素3：芬兰人决定建立全域覆盖的永久性保障机制，全域覆盖学生的福祉和健康，旨在通过早期干预确保家庭环境缺陷（基本健康和关怀缺失）不会影响到孩子的受教育机会。这一机制支持的是一个新的特殊教育体系，在该体系下，与教育有关的问题都应该尽早得到识别和解决，每所学校都配备了足够的资源和专业人员来实现这一目标。芬兰的每一所学校都配备由多学科专家、教师和领导组成的学生福利委员会，讨论相关问题并决定最佳解决方案。毋庸置疑，要让所有学校都能为学生提供这些特殊教育服务，就必须预先设计好以实际需求为导向的资金分配模式，这样，特殊教育需求度高的学校就能得到更多的资源扶持。这种制度设计为芬兰强大的、系统性的教育公平提供了根本保障。

要素4：芬兰人在教育管理层面实行“教学领导力”模式，他们认为学校和地方学区的中层领导者应该由经验丰富且合格的教育工作者来担任。实际上，芬兰人期望校长必须具备学科任教资格，在能够领导全校人员工作并管理好学习型组织的同时，还要保持每周的授课量。芬兰学校采取扁平化的管理架构，大多数校长在履行领导职责的同时，也身居一线教学现场为学生真正授课，这个过程确保了领导者的教育决策始终扎根教学实践。我们注意到，当领导者也是授课教师时，教师们往往更愿意接受反馈并如实地谈论他们的担忧。因为他们知道自己的上司也在讲课，可能在课堂上也会面临类似的问题。正如我之前提到的：在芬兰校园，领导者首先是教育者，教育者天然是教学领导者。

要素5：芬兰人知道学生在校外的情况在很大程度上解释了他们在校内学习的差异。根据经济合作与发展组织2018年的数据，尽管在芬兰，家庭背景与学生学业成绩之间的相关性显著低于其他国家和地区的水平，但年轻人在校外的经历仍然对他们的教育成败起着重要作用。因此，针对特定的儿童与青少年群体提供完善的政策网络、民间组织、各类社团、俱乐部等服务，对新一代芬兰人的福祉、健康和社会资本有显著的积极影响，这些都对他们在学校的学习成绩和表现大有助益。根据2016年的数据，芬兰约有10万个非政府组织，成员约1500万，90%的芬兰年轻人表示他们在校外至少有一个爱好。这表明芬兰人积极参与工作或学校之外的各种活动，五分之三的芬兰年轻人在业余时间参与某种社会活动。这些社团中最常见的组织提供体育、艺术和文化方面的活动。年轻人在这些组织中学到的知识和技能与他们在学校学到的相辅相成。

无论是普惠性的早教体系对幼儿提供的培养与照护，还是公共医疗保健体系，以及密集分布的公共图书馆系统等，这些共同构成了支持学校帮助每一个孩子取得成功的校外教育环境生态。

要理解某一个教育体系如何运作，以及体系内外的各种因素如何影响结果，这并非易事。因此，除非你亲身经历过某个教育体系，否则很难真正理解它。仅仅花一周时间去参观学校、聆听专家的讲解，通常难以获得足够的洞察力来真正了解芬兰教育的实质。相反，你需要成为芬兰的一名教师——接受芬兰的教育。这正是蒂姆西在教育改进领域成为独特信使的原因。他的著作反映了对芬兰学校更广泛的文化结构的理解，对芬兰本土以及世界其他国家的教育工作者都有启发意义。

我是在蒂姆西带着家人从波士顿搬到赫尔辛基不久后认识他的。当时我们聊了很多关于芬兰学校与典型美国学校的差异的话题。我饶有兴致地听他讲述自己在5年级教室里的故事。在赫尔辛基的一所公立学校——雷苏综合学校（该校也提供国际文凭课程，我曾多次造访，我对此非常熟悉。）任教期间，蒂姆西遇到了许多挑战。在这本书中，你可以看到芬兰学校成功的要素。要以成熟的形式阐释正是这些要素使得芬兰学校与众不同绝非易事，因此我们需要一个局外人的视角来带领我们回顾芬兰教育的重要实践，我想不出还有谁比蒂姆更适合做这件事。

当我准备出版我的个人著作《芬兰经验：世界能从芬兰的教育变革中学到什么》（*Finnish Lessons: What Can the World Learn from Educational Change in Finland*）一书的第二版时，我问我的出版商能否在封底贴上一张标签，上面写着类似“警告：请勿在家尝试”的字样。原因是有大量来自政客、教育领导者和教师的询问，他们想知道如何在自己的国家实施芬兰的学校制度。我的出版商理解我的担忧，但没有同意贴标签。不过，我认为教育制度是不可能从一个地方移植到另一个地方的。教育制度是复杂的文化有机体，就像植物或树木一样，只有在自己的土壤和气候中才能茁壮成长。蒂姆西的《如何让孩子喜欢上学：芬兰教育少教多学的33个策略》一书清楚地说明了这一点。

本书为你提供了很多切实可行的步骤，告诉你如何在学校里融入更多的快乐和乐趣。如果你能将其灵活运用到自己的教学中，那么你其实就已经领悟到像芬兰一样教学的精髓了。

祝你好运！

前言

在我担任美国马萨诸塞州阿灵顿市小学教师的第一年，我迅速陷入了职业倦怠的困境。工作日里，我通常早上6点半到达学校，晚上很晚才离开，背着装满教学资料的背包。即使在家中，我也难以从工作中抽离，教学压力如影随形，早餐时我焦虑地翻阅教学计划，夜晚躺在床上仍然停不下反思，为每日的教学疏漏辗转反侧。频繁的夜间惊醒和早晨的极度焦虑严重影响了我的生活质量，甚至有时因压力过大而出现身体不适，有好几次早上一起来我都冲到公寓的马桶边呕吐，我知道那是一种生理性反胃。

在开始第一年的课堂教学之前，我怀揣着满腔热忱，深信自己会热爱这份职业。然而，10月来临之际，我逐渐意识到教学工作带给我的并非预期的喜悦，反而是日益加重的心理负担。

我的芬兰妻子约翰娜非常担心我的状态。她警告我，如果我再不调整工作节奏，继续持续高强度的工作，我最终将不得不申请长期“休假”。我以“绝对不可能出现这种情况”断然拒绝她。约翰娜提到她在赫尔辛基的一位芬兰朋友，同样是一名1年级教师，每天工作不超过6个小时，甚至包括1—2个小时的备课时间，而且下午2点左右就能结束一天的工作，离校后便彻底脱离工作状态。

起初，我质疑芬兰教学工作模式的真实性，认为如果不是约翰娜误解了她朋友的工作量，就是她的朋友并不是一名称职的教师。我认为优秀的教师应该投入更多的时间和精力，甚至不惜牺牲个人生活，教育工作者理应全力以赴，追求极致。

但对此，约翰娜坚定地回应说："在芬兰并非如此"。

约翰娜在芬兰高中毕业后，曾在赫尔辛基担任了几个月的代课教师，这使她对芬兰教育工作者的生活有了深入了解。在芬兰的学校中，每小时课程均为教师和学生设15分钟休息时段，教师们通常会在休息室喝咖啡、与同事交流或阅读杂志进行自我调节。相比之下，我在美国的教学经历显得异常紧张。

这种工作模式与我在美国的教学体验形成鲜明对比——在马萨诸塞州任教期间，即便在延长的午休时段（通常为全天唯一休息时间），我仍拿着我的午餐——一根剥好的香蕉穿梭于教室，一边吃一边准备下午的课程。

执教首年期间，尽管约翰娜不断尝试说服我，她认为教育工作者完全可以在保证生存的前提下实现专业发展，然而，我和其他许多美国教师一样，面临着与芬兰教师截然不同的现实压力——没有分散的短暂休息时间，最后一节课结束后已是下午3点而且我还要与我的1年级学生道别，课后还有堆积如山的备课任务——我始终对此持怀疑态度。

在初为人师的那一年，我每天工作长达12小时，这一度让我认为自己比约翰娜的朋友更优秀、更专业、更投入。然而学年结束时，我清醒地意识到自己的教学效果并不理想，失衡的工作和生活导致我的压力和焦虑感剧增，教学热忱消逝殆尽，这种负面情绪甚至波及学生，课堂氛围日趋压抑。是的，他们似乎也因为有一个如此压抑的低效老师而变得不开心。

一位资深同事曾告诉我，50%的美国教师在5年内会离开这个行业。当时我感觉自己也会成为其中的一员。来年2月下旬，由于严重的睡眠不足和焦虑，我无法再为第二天的课程做准备。我常常坐在书桌前发呆，毫无头绪。一天下午，经过又1个小时无效的备课后，我回到家瘫倒在厨房地板上，一言不发，妻子恳求我休息一下。最终，在经历了数周的失眠后，我不得不请求长期休假，我知道我生病了。

我曾考虑彻底放弃这个职业，仿佛这一切只是一场噩梦。约翰娜的论点始终萦绕心头，我开始思考，妻子的观点是否正确：是否有可能在保持高效教学的同时，过上更加平衡的生活？即便是在美国的课堂上？

3年后，我们决定迁居芬兰。这并非因为我想要逃离美国的教育体系。恰恰相反：事实上我已成功度过艰难的新手期，并在休假1个月后重拾教学乐趣，得到了宝贵的支持和经验。

在我们搬到赫尔辛基的前一年，我全职教学，完成了研究生课程，还做几份兼职工作。综合考虑，我在家的时间远不如我所期望的那么多——也许，如果我对自己诚实一点，我又开始每天到家是身心俱疲的状态。

我们选择去芬兰，是为了寻求一种更慢节奏的生活，尤其是在孩子年幼的时候（如今我们有两个5岁以下的孩子）。当我宣布我们打算在赫尔辛基定居时，我的美国校长说这对我来说是一次职业上的变动。我记得当时我面对这个想法哈哈大笑，事实恰恰相反，在芬兰，我准备彻底停止教学工作，只为过上更平衡的生活。我们买了一张去赫尔辛基的单程票，甚至不知道我是否能在那里找到工作。

2013年6月末，也就是我即将移居海外的一个月前，我仍未找到一份教书的工作。但一天早上，我收到了一封来自赫尔辛基一所学校校长的特殊邮件。早在3月，我就联系过她和其他几位芬兰校长，但一直没有收到任何回复，我也就不再抱希望了。然而，就在6月那个平平无奇的某个清晨，我的收件箱里出现了这封邮件，邀请我聊聊在赫尔辛基一所公立学校教授5年级英语课程的潜在合作可能。

这份突如其来的邀约令我倍感诧异。

那周晚些时候，这位芬兰校长对我进行了视频面试，面试结束时，她正式向我发出聘用通知。我欣喜若狂，满怀感激地接受了这个职位。但随后我开始担忧：这份工作将给我带来哪些挑战？

和许多美国同行一样，我也听说芬兰的教育水平很高，坦白讲，在我签约担任5年级教师时，我对芬兰教育知之甚少，仅有的些许了解也是停留在表面，并不知晓它的卓越性究竟体现在何处。约翰娜曾向我提及过一些芬兰学校的基本情况——比如上课时间短，还有15分钟的课间休息。在一部教育纪录片中，我还了解到芬兰15岁青少年在国际学生评估项目（PISA）中的成绩持续领跑，该项目重点考察学生在阅读、数学与科学领域的批判性思维能力。

不过，我即将开启一段为期两年的旅程，从系统内部深度考察芬兰的学校。这是一段充满未知的旅程，我预计自己会费力适应。我承认，我确实会遇到困难，但未必是美国同行们所预料的那种从一个国家搬到另一个国家的人会经历的文化冲击，即在陌生环境中感到迷失的现象。对我而言，得益于妻子的芬兰籍背景，而且在移居到芬兰之前，我已经去过芬兰十几次，除职场文化外，我几乎未遭遇典型文化冲击。我在赫尔辛基就职的学校就像一片异国他乡，一个有着全新的期望和全新的规则要遵循的地方。在这样一个截然不同的环境中，我开始重新思考在美国学校学到的“最佳教学实践”。

在赫尔辛基的那两年里，我获得了许多近距离研究芬兰教学实践的机会，观察同事们的课堂超过了100个小时。我完成了在美国攻读小学教育硕士学位期间的实习教学，指导我的是两位经验丰富的芬兰同事。在撰写这本书时，我很好奇芬兰其他地区的教师是否也在采用我在赫尔辛基所见到的类似做法。为验证教学模式的普遍性，我走访了芬兰各地的几所学校。此外，我还与芬兰学前教育、小学和中学的教师开展了访谈。通过这些走访和访谈，我了解到我在赫尔辛基看到的许多教学方法在芬兰各地都能见到。

我发现芬兰实行的教学策略既不像一对一使用平板电脑追求技术教育的前沿，也并非过分倡导理想化的概念，高喊“完全信任学生吧，朋友们”的抽象口号。芬兰采用的大多数教学方法都很朴素高效，适用于任何课堂。

而且让我感到最妙不可言的是，当我实施这些策略时，我的课堂里充满了欢乐。当然，实践表明，这些策略绝非“芬兰专属”教学法，通过适度的本土化改造，这类教学法也能完全适应其他教学环境。比如我在本书提到的一个策略，在一天的学习中时不时地让大脑短暂休息一下。虽然美国教师很难每天实施多次芬兰式15分钟的自由活动时间，但稍作转化，美国教师可以根据实际情况将15分钟自由活动调整为碎片化的“自主时段”。

这同样是像芬兰一样教学，努力让学生在课堂上保持精力充沛和专注。值得注意的是，系统性政策变革依然是实施大规模策略调整的前提。

在这本书中，我将着重讨论在当前美国与芬兰的教育体制存在明显差异的情况下，受芬兰教育理念启发的美国教师，今天能够做些什么来为他们的课堂带来积极的变化。2001年首次公布国际学生评估项目（PISA）的成绩时，芬兰登顶引发的震撼至今犹存。芬兰教育倡导的一直是较为宽松的教学方式，减少师生在校时间，精简布置家庭作业，弱化标准化考试，这些举措都与取得出色学习成果的传统观念背道而驰。

这个小小的北欧国家向美国和世界其他国家表明，还有另一种办学模式，既不压缩课程，也不让教师和学生感到压力过大。这种与众不同的芬兰式教学方法论渗透在方方面面，无论从芬兰国家教育政策的制定，还是每一次的课堂教学实践，你都能轻而易举地观察到它的存在。

尽管芬兰的教育工作者让我们眼前一亮的或许不是充满创新性的教学策略，因为芬兰的许多教学创新是从北美和其他地方借鉴而来的，但根据我的亲身经历，芬兰教师给我的启示是要进行一种价值取向的转变，将幸福感和快乐置于学业成绩之上。他们通过做出一些细微的、简单的教学决策优化，就能创造出一个愉悦的教学和学习环境。正如每次PISA测试结果显示的那样，芬兰学生的表现依旧出色。

和许多美国教师一样，我读了道格·莱莫夫的《像冠军一样教学2.0》，发现了一套很有用的课堂策略。但其中有一个策略让我感到困惑——快乐因素。莱莫夫认为，课堂上的快乐是教师可以用以提高成绩的工具：

> 当然，“快乐因素”本身并非目的。课堂上良好的“快乐因

素”必须是“仆人”，也就是说，其目的是支持当天的教学目标。

它还应该是可以迅速开启和结束的东西。

虽然莱莫夫似乎将快乐视为一种策略，但我提议我们开始将优先考虑快乐（或幸福感）——受芬兰教育方式的启发——并将两者视为我们课堂上的首要目标。幸福可以被理解为“一种高度积极情绪的状态”，而且它不会干扰课堂上的教学与学习，反而能提高效率，增强社交和情感智力。

我明白在课堂上优先考虑幸福可能看起来是个抽象的概念。这里有一种思考方式：当我们想要让睡眠质量更好时，我们会通过在上床前采取不同的措施来优先加以考虑，比如锻炼和关掉手机。同样，我们也可以通过一系列策略在课堂上优先考虑快乐。在我在芬兰工作和生活的那些年里，我找到了教育工作者可以采取的一些步骤来促进快乐的教学和学习。

拉·拉格纳桑（Raj Raghunathan）是德克萨斯大学奥斯汀分校麦库姆斯商学院的教授，也是《如果你这么聪明，为什么还不快乐？》（*If You're So Smart, Why Aren't You Happy?*）一书的作者，他认定了幸福的4个要素（如果在满足了诸如食物和住所等基本需求之后）：归属感、自主性、精通感、心态和思维模式。我在这份清单中添加的一个要素是幸福感，我认为它是发展其他要素的基础。我围绕着这5个幸福要素组织了本书中的33个简单策略，希望为你构建起一个打造快乐课堂的实施框架。

第一章

幸福感

2013年7月下旬，我们搬到了赫尔辛基。在8月中旬开学前的数个傍晚，我和家人在这座新城市漫步。每到一个公园，我都会看到一种陌生的景象：数十位当地人悠然地坐在野餐毯上，喝着葡萄酒，谈天说地。他们似乎并不急于完成任何事情，只是纯粹享受在温暖、晴朗的夜晚与亲密的朋友共度时光。

芬兰的生活节奏明显比我在美国所经历的要慢得多。我承认，在经历了波士顿那种高强度的生活之后，我最初被赫尔辛基这种悠闲松弛的氛围所吸引——但我还是不免对这种闲适氛围产生疑虑。我心想，这些人只是在毯子上闲坐几个小时，看似低效的社交方式最终能换来什么实际价值呢？

尽管在教学的第一年就精疲力竭，但多年后在赫尔辛基，我仍然执着于一种观念，认为我的价值可以通过生产力来衡量。我在波士顿的一位导师曾多次提醒我，“蒂姆西，你是一个人，而不是永动机”。这番箴言在异国职场依然具有现实意义。

我觉得这个北欧小国悠闲的慢生活节奏最终也影响了我。在赫尔辛基教学的头几周，我开始有意识地减少放学后的工作量。傍晚回家时，我会把学校的工作资料留在背包里（一开始这感觉很不舒服），这样就能专心陪1岁的孩子玩耍，和妻子聊聊天。在赫尔辛基，这种生活方式的调整使我感觉自己开始变得更像一个人了，但我在学校里仍然还没有找到状态，我还没准备好改变自己作为教师的工作方式。我的芬兰同事也开始注意到这一点。

正如我妻子所说，在赫尔辛基的学校里，每天都有多次15分钟的休息时间，通常我的同事们会利用这些时间在教师休息室里放松。在休息时间里，几位老师会轮流在户外照看低年级学生，在室内照看高年级学生。然而，即便过了3周，我还是没有在休息室里和同事们一起休息超过2分钟。每天早上我只会快速进去匆忙收取邮件，便直奔教室。在那短暂的进入休息室的片刻，我看到了类似我在市中心公园漫步时所发现的情景：许多同事在喝咖啡、翻阅报纸，彼此悠闲地聊天。很多时候，当我经过休息室时，都能听到他们欢快的笑声。我开始怀疑我的同事们是否过于懒散，禁不住又开始思考他们的职业态度。

9月的某个工作周，3位芬兰同事告诉我，他们担心我会身心透支，因为他们没在教师休息室里见到过我。我向他们坦白，自己在那些15分钟的课间休息时间里仍然在教室里埋头苦干，忙于处理各种教学事务。听闻我这种最大化利用工作时间的原则，同事们当即建议我改变日常习惯。

起初，我对芬兰同事的担忧付之一笑。我告诉他们自己深知职业倦怠的感受，并向他们再三保证自己目前的状态良好。然而，他们态度坚决，强调在一天中适时休息的重要性。其中一位同事告诉我，她每天都会花几分钟在教师休息室里放松，与其他老师交流。她认为这不仅有助于减压，还能提升教学效果。

当时，我感到十分困惑，因为我那种以牺牲短期健康为代价的持续高强度的工作模式似乎并不为大多数芬兰同事所认同。长久以来，我一直信奉“最优秀的教育工作者必定最勤奋”的信条，即使这意味着每晚只睡几个小时、放弃午休以换取更多备课时间，甚至没有时间和同事交流。在美国，我钦佩的许多老师和我一样对教育充满热情，但似乎他们总是处于精疲力竭的边缘。而在赫尔辛基，我没有看到我的芬兰同事们在午休时间工作，也没有看到他们整天待在教室里。与美国教育工作者常见的紧绷状态形成鲜明对比的是，这些北欧教育工作者始终保持着从容的工作节奏，几乎无一例外。而且不出所料，芬兰学校的学生看起来都相对轻松自在，这与我在美国学校里见到的情况大相径庭。

我曾听到一些批评芬兰教育模式的声音，认为美国无法从这个北欧小国身上借鉴经验的主要原因在于文化差异。但我认为，这种文化差异恰好是我们亟须学习的地方，我们要从芬兰学校中学到的宝贵经验有很多。美国社会将“追求卓越”（或者成为最优秀的人）奉为核心价值，将“成为最优秀的人”或者追逐成功看作人生中最重要的事。归根结底，这种文化导向不仅削弱美国国民的幸福感，更对美国青少年福祉造成损害。

对美国孩子来说，追求成功的压力从婴儿时期就开始了，这一点在富裕家庭中尤为明显。家长们斥巨资购买早教卡片和教育游戏，为学步儿童筛选精英早教机构，这些机构每年的费用可能超过3万美元，他们只为让孩子在学业上占得先机。很多美国家长甚至采取“推迟入园”策略，他们拒绝让孩子在适龄的时候上幼儿园，这样他们的孩子在入学时比同班同学年龄大1岁，那时他们大脑发育得更成熟，理论上能取得更好的学业成绩。在初中阶段，荣誉学生的家长会在私家车上贴上“为优等生骄傲”的标识以彰显孩子的成功。到了高中，许多学生被告知，如果想进入顶尖大学，就得在简历上多下功夫，于是他们为了保持高平均绩点、参加过量的课外活动、选修大学先修课程（AP）以及报名参加美国高考（SAT）私人辅导班而把自己累得精疲力竭。这种在高中阶段追求卓越的压力在全美各地有所不同，但在某些地方，比如加利福尼亚州的帕洛阿尔托，青少年的自杀率居高不下。

斯坦福大学研究员、《你快乐所以你成功》（*The Happiness Track*）一书的作者艾玛·赛佩拉（Emma Seppälä）回忆起她在法国巴黎一家大型报社实习的经历。凌晨时分，她会在2楼编辑室和地下室印刷车间之间往返运送备忘录和其他物品。在2楼，她看到大多数美国编辑、记者坐在格子间里，面色憔悴、眼圈发黑，都埋头盯着屏幕处理文稿，沉默寡言，空气里只有打字、打印机和编辑们在办公桌前咀嚼披萨的声音。而地下室则洋溢着法式欢愉的氛围，印刷工人们围坐在一张大桌子上，上面摆着他们共享的葡萄酒、奶酪和面包……很快，她希望自己能有更多理由加入这种欢乐的氛围。

> 在报社工作，穿梭于这两个群体之间，让她陷入了思考：这里有一群人——编辑、记者和印刷工人——通宵达旦地工作，只为在黎明前完成截稿、发行报纸的艰巨任务。尽管两个群体承担着不同的职能，来自不同的文化背景，但他们都在为同一个紧迫的截止日期而努力。夜复一夜，尽管面临种种挑战，两个群体都成功地完成了工作。然而，他们的工作状态却截然相反：美国团队始终处于高压状态，一个个疲惫不堪、面容憔悴，而法国团队则在轻松协作中保持高效产能。

当我首次阅读《你快乐所以你成功》中这段描述时，立刻联想到赛佩拉对报社2楼的描绘与我在美国学校中的经历极为相似，而她对印刷车间的描写则让我想起了在芬兰学校的体验。正如美国文字工作者和法国工人完成共同的目标一样，美国教师和芬兰教师都在努力应对相同的教育目标——确保孩子们每时每刻、每一天、每一年都在学习。然而，在我的经验中，这两个国家达成这一目标的过程却截然不同：一种教学方式显得更高效、更辛苦且更注重学业成绩，而另一种则更为温和、更缓慢且更关注幸福感。

赛佩拉指出："数十年的研究表明，幸福并非成功的附属品，而是成功的先决条件。"换句话说，如果你想成功，你得效仿地下室法国印刷工人的工作哲学。

幸福体验的基础在于满足基本需求，因此充足睡眠、均衡营养、清洁饮水、合体衣着、安全居所共同构成师生的基本保障。

在发达国家如美国和芬兰，教师通常不会面对基础需求未达标的入学儿童。

然而，根据美国国家贫困儿童中心2016年的数据，超过1600万美国儿童——约占总人口的22%——来自家庭收入低于联邦贫困线的家庭。遗憾的是，其中相当一部分美国学生面临食物不安全甚至无家可归的问题。这种情况下，孩子入学时的基本需求未得到满足，确实极具挑战性，对此我无法提供具体建议。不过，我可以分享一些在芬兰学校学到的策略，这些策略有助于促进教师和学生的身体、情感及心理健康。这些简单的教学策略经证实能有效地改善教学和学习的质量，让课堂充满欢乐，更有活力。

1 策略

安排短暂大脑休息时间

萨米[1]，我5年级的一名学生，以如同关节锈蚀般的姿态走到我面前，低声说："老师，我感觉我要崩溃了，这种时间安排让我一点儿都适应不了！"我信了他的话。他的额头上已经能明显看到一小片应激性红疹。

天哪，我心想，这真是我在芬兰教书第一年的糟糕开端。才开学第三天，我就已经把一个学生逼到这步田地。我把他叫到一边，很快便明白了他为何如此烦躁不安。开学第一周，我擅自对5年级的课程表进行了调整。芬兰基础教育体系规定，学生们通常每45分钟的学习时间会有15分钟的休息时间。在这期间，孩子们进行自由社交活动或者去户外参与体育活动。

我不明白这些频繁的休息有什么意义。在美国教书时，我通常会连续几个小时和学生待在教室里。初来乍到的我试图将美国的教学模式直接照

[1] 在本书中我使用的学生名字均为化名。——作者注

搬过来，因为我觉得芬兰模式看起来太宽松了，我坚信孩子们在更长的学习时间里能学得更好。所以我决定不让他们按常规时间休息，而是继续上课。我连续上两节45分钟的课，然后将两次休息时间合并，集中休息30分钟。这时，我才明白萨米额头上为什么会有红疹。

仔细想想，我不确定美国的教学方式是否真的行之有效。我在美国教的学生总是在课堂上坐了大约45分钟后就开始无精打采，注意力也不集中了。但他们从未像这个瘦小的芬兰5年级学生那样，在开学第三天就公然反抗。就在那一刻，我决定采用芬兰的课间休息模式。

自从我把这些短暂的休息时间纳入课程表后，我的课堂上再也没有出现过那种拖着脚步、像行尸走肉一样的孩子。整个学年里，我的芬兰学生在15分钟的课间休息后总是精神抖擞地走进教室。最重要的是，他们在课堂上更加专注。

起初，我坚信自己有了一个惊人的发现：频繁的休息能让学生一整天都保持精力充沛。但后来我想起，芬兰人早就知道这一点——他们从20世纪60年代就开始给学生安排课间休息了。为了理解芬兰这种做法的价值所在，我偶然读到了安东尼·佩莱格里尼（Anthony Pellegrini）的著作。他是《课间休息：教育发展中的关键作用》（*Recess: Its Role in Education and Development*）一书的作者，也是明尼苏达大学教育心理学名誉教授。10多年来，他一直称赞这种做法。在东亚，许多小学在大约40分钟的课堂教学后给学生10分钟的课间休息，佩莱格里尼的研究成果与我在芬兰学校所观察到的现象高度契合：在这些较短的课间休息之后，学生们在课堂上似乎更专注。

为了突破传闻证据的局限性，佩莱格里尼带领他的团队成员，在一所美国公立小学开展了一系列实验，以探究课间休息时间与课堂专注度之间的关系。在每一次实验中，学生们在课间休息之后都比休息之前更专注。他们还发现，当课间休息时间推迟——换句话说，当课程拖得更久时，孩子们的注意力会更不集中。

在芬兰，小学教师似乎凭直觉就知道这一点。他们让学生不论晴雨都到户外去，频繁地休息。而且孩子们可以自行决定如何度过课间休息时间。

尽管现在我更倾向于芬兰的模式，但我明白，让5年级的学生每小时都去操场玩耍对大多数学校来说是一个巨大的转变。佩莱格里尼认为，课间休息不一定非要在户外进行才有益处。在他于一所公立小学进行的一项实验中，孩子们在室内度过课间休息时间，结果与他们在户外休息的实验结果一致：休息过后，学生们在课堂上更加专注。

在芬兰，一位濒临崩溃的5年级学生帮助我彻底扭转了我将“教学时长等同于学习成效”的认知偏差。佩莱格里尼的研究结果也证实了，频繁的休息能提高课堂上的注意力。一旦我把课间休息视为一种提高学习效率的策略，我就不再为缩短课堂教学时间而感到内疚和焦虑，一天多次让学生从学习状态中抽离出来，并不会让学生少学很多东西。

✣ ✣ ✣

在我抵达赫尔辛基的前一年，美国运动学研究学者黛比·雷亚（Debbie Rhea）访学了芬兰的学校，其中芬兰教学模式在每日教学日程中安排多次15分钟课间休息制度吸引了她的注意，她从中深受启发。在找到感兴趣的研究新方向后，她一回到美国，当即在多所学校启动了一项研究，旨在通过开展对照实验的方式评估在芬兰看到的这种每日为学生安排多时段课间休息制度是如何对学习效果产生影响的。

现阶段（来源于2016年的数据），雷亚的研究项目已在全美多个州的教育机构和学校展开试点，初步结果显示成效显著。以德克萨斯州沃思堡市鹰山小学为例，每日4次15分钟休息时间制度的实施使学生的专注度明显提升，同伴冲突事件和学生告状行为减少。其中一位1年级教师还观察到一个明显的变化，她的学生啃铅笔的行为完全消失。

雷亚的研究成果令人振奋，全美教育界对引入更多课间休息时间的关注度持续攀升，美国的教育潮流或许正在悄然发生变化。然而多数教育工作者仍受限于美国现有课程体系，难以完全效仿芬兰模式。值得庆幸的是，任何课堂，即使不是芬兰式教育体系的，通过科学设置课间休息时间，也能有效地提升教学效果。

起初，我认为芬兰教学模式中多时段课间休息时间的核心价值在于让学生自由玩耍，这一观点继而也有所改变。我现在认为，芬兰式课间休息的核心益处在于它通过这种模式，让大脑得到适当的放松，从而保持学生的专注力。麦吉尔大学的心理学、行为神经科学和音乐教授丹尼尔·列维京（Daniel Levitin）指出，定期休息有助于大脑整合信息，进而提高生产力和创造力。“我们需要给大脑时间来处理接收到的信息”，他在接受教育博客“思维转变”（MindShift）采访时如此说道。学生不应该被榨干时间、过度安排，定期休息可以促进青少年的自发性和创造力。此外，即使没有正式的休息安排，大脑默认模式中也具备自发激活的功能解除神经回路的高度紧张状态，有的时候我们管这种模式叫放空或做白日梦，我们都能从这个过程中受益。

提供短暂的大脑休息有多种方式，但最重要的是这些休息需要定期进行，以确保对学生有益。我建议每45分钟课堂教学后安排一次全班的大脑休息，类似于芬兰教师的做法。如果学生在45分钟之前表现出疲劳迹象，立即安排休息也是明智之举。

记者布里吉德·舒尔特（Brigid Schulte）在其著作《不堪重负》（*Overwhelmed*）中探讨了过度工作与维持健康工作生活平衡的挑战。在整本书中，舒尔特提出了多种促进幸福感的策略。她最喜欢的方法之一是“脉冲式工作法”（pulsing），即工作和休息交替进行。脉冲式工作法基于这样一个理念：长时间连续工作会打破身体的自然节奏，导致身心疲惫。因此，在工作日中定期休息至关重要。舒尔特本人也采用这种策略，将一天分为几个1.5小时的工作时段，期间不使用手机和电子邮件。

脉冲模式在不同的情境下表现形式各异，那么在课堂上脉冲式学习会是什么样子呢？我认为这很简单，脉冲式学习可以表现为在长时间的课堂教学之间为学生提供可预测的休息时间。这些休息时间不必是将芬兰教育中坚持的自由玩耍照搬，而是提供选择性的活动，如10分钟的自由阅读、自由写作或玩有趣的数独游戏。在我看来，自主选择活动应具备3个特点：高度的趣味性、独立性和新颖性。强迫学生进行单一活动（如安静阅读）并不是有效的休息方式，尤其是在他们刚刚参与了1小时的阅读研讨会后。相反，为学生提供多样化的选择可以帮助他们快速放松、恢复精力，做好课程之间的良好过渡，无论接下来的课程是什么。这种结构化的课间休息时间对于小学课堂尤为重要，因为学生和老师通常会连续好几个小时都呆在一起。但对于初高中教师来说，安排休息时间不像小学那么迫切，因为初高中通常一堂课的时长就在45—50分钟，而且课前还有相对自由的几分钟时间。即便如此，初高中教师可以在每堂课开始或者结束之时，带着学生进行正念练习，这也有利于帮助学生恢复认知活力，提升学习效果（更多内容参见下文“保持平静”的部分）。

我发现有些学生比他们的同龄人更需要频繁的休息。为满足这类学生的需求，教师可以在教室里设置一个特殊休息区，当学生有需要的时候就进去。一位名为阿曼达·莫雷诺的研究人员指出了这种“静心角”的价值所在，因为很多老师都告诉莫雷诺，自从有了“静心角”，那些以前一天会出现多次情绪失控的学生，行为得到了显著改善。

我建议你可以抽空和学生谈谈，努力在课程之间插入可预期的休息时间帮助他们更好地学习。对包含哪种自主活动安排，他们可以充分献计献策，你可以听取他们的意见，获悉他们心目中新颖而有趣的休息方案。这一明智之举不仅促进学生学习的共同参与感，强化他们的学习主体意识，还能收获具有实践价值的宝贵改进意见。

2 策略

具身学习：将站立或运动融入课堂

“嘘，我能跟你说句话吗？”在马萨诸塞州阿灵顿市，我的那位目光敏锐的导师在午休时把我叫到一边。她没有像往常那样面带微笑。“蒂姆西，”她说，“请别介意我接下来要说的话，但每次我观察你的课堂时，你似乎总是和1年级的学生们坐在地毯上。”这番话让我感到内心刺痛，不是因为批评不公，而是因为我心里清楚这是事实。

我让学生们在地毯上安静地坐上大约半小时的习惯显然对他们不起作用。每次我让他们离开地毯去做独立作业时，他们都很烦躁，我甚至得把几个孩子从地上拽起来。

为了应对这种情况，我拿着一块老式秒表，强迫自己把每节课都控制在15分钟以内。结果令人鼓舞：当我把课时缩短后，学生们能更快地转变状态，在课桌边也能更高效地学习。但很快新的问题随之浮现：我的学生们几乎每节课都坐着。

直觉告诉我，这种情况存在问题，后来相关研究也证实了这一点。这种现象并非个案，在美国多所学校实地考察时，我观察到相似的教学模式：美国学生在大多数课程中都被要求坐着。不仅如此，他们的日常校园活动量显著不足，这意味着数百万美国青少年错失了身体活动带来的多重健康效益。研究表明，规律的身体活动有助于预防肥胖、降低心血管疾病风险、提升认知功能（包括记忆力和注意力），并对心理健康产生积极影响。

我曾以为学校里缺乏身体活动只是美国教育系统的问题，觉得这是漫长上学日和课间休息机会有限的自然结果。但当我开始在芬兰教书时，在赫尔辛基的公立学校里也看到了同样的情况。起初，这让我感到困惑。芬兰的孩子上学时间短，课间休息频繁，每次15分钟。尽管这些休息让他们在课堂上更专注，但并不一定让他们在学校里更活跃。在操场上，无论是阳光明媚还是雪花飘落，我都会发现许多芬兰的小学生在课间休息时表现得十分被动。有的孩子会埋头玩手机，沉迷于最新的手机游戏，还有的孩子则聚在一起，坐在长椅上，或者三五成群地闲聊。我只能看到有几个孩子在玩捉人游戏或踢足球。但通常情况下，被动的孩子似乎总是比活跃的孩子多。在我学校的走廊里，高年级的学生倚墙休息，甚至躺在地上，等待下节课开始。

芬兰的研究人员的实证研究也印证了我的观察结果。在《2014年芬兰儿童和青少年身体活动报告卡》中，芬兰的孩子们在总体身体活动水平方面仅获评D等级。2013年的一项研究显示，只有半数参与调查的芬兰小学生达到了每日1小时中等至剧烈强度的身体活动的芬兰国家指导标准，在中学生群体中，这一比例更低，仅为17%。

芬兰并非唯一在身体活动报告卡上表现不佳的国家。《2014年美国儿童和青少年身体活动报告卡》中，美国青少年儿童总体活动水平评级为D级。该报告称，大约25%的6—15岁美国青少年儿童能达到每周至少有5天、每天活动1小时的活动标准。

尽管两国青少年儿童的身体活动水平都较低，但芬兰和美国之间存在一个关键差异：这个北欧小国的数百所学校正在通过一项名为“芬兰学校动起来”（Finnish Schools on the Move）的政府倡议，旨在让孩子们全天保持活跃。这一实验可以为美国如何让孩子们更活跃提供一个范例。

2010—2012年，芬兰45所学校参与了该项目的试点。尽管成效尚未达到令人震惊的程度，但仍然令人充满希望。试点项目结束后的一项调查显示，参与的半数小学生和大约33%的初中生表示身体活动量有所增加。该项目评估报告明确指出：这表明只要学校努力，就能提高儿童的身体活动水平。采取的行动需要一段时间才能显现成效，因此，要增加学生在校期间的体育活动量，需要长期且系统的发展工作。

尽管规模不大，但“芬兰学校动起来”项目朝着正确的方向迈出了一步。负责该项目研究的运动和健康科学基金会研究主任图伊贾·塔梅林（Tuija Tammelin）告诉我，她对“芬兰学校动起来”项目的迅速推广印象深刻。短短几年间，参与该项目的综合学校数量从45所增加到了近800所。截至2014年秋季，我所就职的芬兰学校也启动了这一倡议，我也得以亲眼目睹“芬兰学校动起来”项目在实际中的运作情况。

✤ ✤ ✤

那是12月中旬一个上学日刚过中午的时候，趁着15分钟的课间休息，我走到外面的操场。当时是我在赫尔辛基教书的第二年，因为采用循环教学，所以我继续教他们6年级的课程。由于学校刚刚启动了“芬兰学校动起来”项目，我很好奇学生们的行为是否有所改变。特别是，我希望在课间休息时操场上懒散的学生变少。

那天，穿着亮黄色背心的埃米和玛丽安正在组织一个受欢迎的游戏——“香蕉追逐”。她们周围大约有十几个低年级的孩子在来回奔跑。埃米和玛丽安是“课间活动促进者”，每周都会与低年级（尤其是小学1、2年级）学生互动一次。在我到达前几分钟，她们已经和这些七八岁的孩子聚在一起，决定玩什么游戏。当我在游戏中途走近埃米时，孩子们欢快地左躲右闪，试图避开我们。我问她自从开始组织这些游戏以来，小孩子们在课间休息时是否变得更活跃了。她朝着我露出孩子对大人们提出明知故问的问题时特有的无奈表情，扬起眉毛，用力点头——我明白这是让我赶紧让开的信号。

这一观察使我意识到，那天在埃米和玛丽安身上看到的场景是每天的惯例。每天中午，几个课间活动组织者都会进行类似的活动，他们分散到铺着柏油的操场上，召集年龄较小的孩子一起玩诸如“香蕉追逐”的追跑游戏。

我还去芬兰萨洛市的一所学校做了访问，从赫尔辛基出发要开一个半小时的车。在那里，我发现6年级的学生以一种与众不同的方式为我提供帮助。一堂课刚刚结束，我看到数十名小学生涌向大厅，那里放着他们的冬季外套和户外鞋。但与过去不同的是，几个孩子没有冲出去，而是在前门附近的一张桌子前排成队列。每个孩子手里都拿着一张名片大小的纸条。我后来发现，这些纸条就像“护照”，凭此纸条借用运动器材，在课间休息时领到装备。

过了一会儿，两名高年级学生出现在桌子后面，他们用教师休息室钥匙开启桌下储物柜后，开始有序服务，他们叫住了第一位身材矮小的金发男孩，一名学生问“你想要什么器材？”，另一名学生收走金发男孩的纸条凭证。他申请要一个篮球，拿到后拍着球雀跃离去。接下来，一个圆脸庞的深色头发女孩走上前来，申请要一根跳绳。就这样，这套流程持续进行，直到最后一个学生离开。长长的队伍里每个学生都申请到了他们喜欢的运动器材。

出于好奇，我想知道这里的“芬兰学校动起来”项目是否像我在赫尔辛基的学校那样成功，我走上前，问那些分发器材的高年级学生，他们是否也注意到课间休息时孩子们的活动量有所增加。不出所料，他们的回答也是肯定的。

但这还不足以让我确信“芬兰学校动起来”项目在所有年龄段的孩子身上都取得了成效。虽然我看到小学生在课间休息时活动很多，但我还是想知道该项目对高年级学生的影响。毕竟，试点项目数据显示，随着年龄的增长，学生们在学校的久坐行为呈线性增长趋势。后续调查更揭示，即便参与了该项目，仅有33%的7—9高年级学生的每日身体活动量得到提升。

为了进一步了解项目的实施情况，我与赫尔辛基学校负责协调“芬兰学校动起来”项目的体育老师进行了交流。尽管她对像埃米和玛丽安这样的课间活动组织者的出色工作表示满意，但她也承认需要为年龄较大的学生制定更具针对性的措施。为此，她提出了一项新方案。

根据新方案，我所在的赫尔辛基学校将调整日常课程安排，以便让学生有更多时间参与他们最感兴趣的体育活动。学校不再只提供15分钟的短暂课间休息，而是每天至少提供一次30分钟的休息时间。这一改变将特别有利于7年级至9年级学生，那些类似于捉人游戏的低龄儿童游戏已不适合他们，他们需要更符合其发展阶段的活动来提高心率水平。

在新方案下，年龄较大的学生有机会自主设计并组织各种体育活动来保持在校期间的运动量，比如瑜伽拉伸、地板曲棍球或体操等。只要是能让他们运动起来的活动，他们都可以选择。学校这种允许学生自发选择的“随心畅享运动”，旨在鼓励他们发挥主动性，邀请他们提出创意并表达自己的想法，并为有意地在学校开展这些活动留出时间和空间。这种模式不仅凸显了学生自主权的价值，还表明增加体育活动不应该仅限于课间休息或体育课。

事实上，我逐渐意识到课堂时间也应包含体育活动。当我所在学校引入“芬兰学校动起来”时，协调员们纷纷献计献策，让学生在课堂上更活跃，比如提供“活力小憩时间”（让学生在课中进行短暂站立休息）、允许学生站着完成作业，以及用健身球代替传统学习椅，让学生一边蹦一边学习。

从那年秋天开始，我开始探索更多让学生在课堂上保持活跃的方法。我尝试了一个策略是我从美国借鉴来的，我称之为“动态巡展漫步”（Active Gallery Walk），既能让孩子们保持身体活动，又能确保他们在课堂上集中注意力。这种策略源于我对学校传统教学方式的不满。很多时候，学生们都是被动地展示他们的作品。比如，他们站在讲台上，拿着海报或幻灯片演示文稿，给全班同学讲解他们学到的东西。这种常见的做法不仅耗费大量的教学时间，而且（相对而言）效率低下。即便学生分享的作品再巧妙，连续坐着听很多个展示，无论是对班上的老师还是学生来说，都是枯燥乏味的。

当然，给学生展示学习成果的机会很重要，但我认为如果这种方式不能激发学生的积极参与，就失去了意义，因此就有了“动态巡展漫步”，其具体操作方式如下：学生们把他们的展示作品固定在教室或走廊的墙上，就像在艺术画廊里展出作品一样。每个展示都标有编号，学生排好队，有条不紊地从一个展示走到另一个展示，花一两分钟仔细研究每一个作品。为了让这次体验更有意义，学生们在参观每个展示时相互提供书面反馈。在他们活动开始之前，我会分发两种不同颜色的便利贴给他们：在一种颜色的便利贴上，学生们写下关于作品的问题，供展示者思考；在另一种颜色的便利贴上，他们写下积极的评价。

尽管他们在整个漫步展示活动的参观中欢快地穿梭，仔细观看每个展示并在便利贴上写下反馈，但对他们来说，最有价值的部分或许是在动态巡展漫步结束后，他们迫不及待地取下自己的展示作品，回到座位上，然后仔细审视同学们的反馈。当然，我会给他们时间修改作品。最令我满意的是，学生们总能主动地改进或优化自己的作品，不需要我进行监督。

❖ ❖ ❖

在和赫尔辛基6年级的学生们进行其中一次动态巡展漫步时，中途我看了看表，惊讶于时间过得如此之快。尽管20分钟已经过去了，但感觉就像才刚刚开始。埃米听到我惊叹“哇！”后转过身来，问我怎么回事。我给她看了时间，她和我一样，不敢相信已经过去了这么多分钟。我们一致认为，学习过程应当始终充满活力、引人入胜。能拥有沉浸式体验的学习，是理想的学习。

活动结束后，我的学生尤卡走过来，跟我击掌，并感谢我设计了这个课堂活动。但在我的心里，他充满感激地讲述我刚刚给了他和同学们一份出乎意料的礼物，就像是让他们获得了某种特殊礼遇。他的话让我陷入深思，每个学生都值得享有这种主动参与、充满活力的学习体验，而非将其视为特例。

“芬兰学校动起来”这个项目让我意识到，美国乃至世界各地的学校都可以通过鼓励所有学生积极主动地拥有健康的生活方式，并激励教师想出各种花样帮助学生在教室里活动起来，增加他们每日的身体活动量。像动态巡展漫步这样的活动在任何年级都可以开展。以下是一些旨在实现芬兰这一倡议目标的想法——增加身体活动量，减少学生坐着的时间。

- 教师可以寻找一些方法，将站立或活动自然地融入课程中。这里有一个灵活运用具身认知教学法，将阅读与舞蹈结合起来的示例：如果你是一名小学教师，在给学生读书时，可以让他们站起来，边听边表演一小段内容。比如，在我在赫尔辛基教书的第二年，我给2年级的学生朗读《查理和巧克力工厂》，就在读到“奥帕·洛帕”的一段长诗时，我和学生们一起在教室里跳起舞来，他们享受其中，所有人都对有机会站起来而感到开心。对于年龄稍大的学生，可以推行“站立式”讨论会模式。为了增加效果，你和学生们还可以在课程导入阶段先一起做些伸展运动当作课前热身。你们可以将教室中间的桌椅推开，创造一个开放的空间，然后配合与当天教学主题相关的热身运动，直接切入。

- 角色扮演唤醒课堂活力：有时，尽管教师可能尽了最大努力让课程保持吸引力，但学生长时间坐着往往显得昏昏欲睡。在这种学生出现疲倦的情况下，进入角色扮演模式是个好主意（比如你以精神面貌最好的军队指挥官形象），临时安排一个课间操，或者你让学生做20个开合跳，或者进行20秒钟的原地跑步，用这种方式让你的课堂重新焕发活力，同时让学生得以缓解久坐带来的疲劳。
- 培养课间活动组织者：如果你是小学老师，可以在教室里任命“课间活动组织者”，让他们轮流在操场上履行职责，就像我在赫尔辛基的学生埃米和玛丽安那样。我不会强迫孩子们参加活动组织者带领的游戏，但正如我在芬兰所看到的，每天给学生提供玩像“香蕉追逐”这样刺激有趣的活动机会，会鼓励他们走向操场，积极参与其中。你可以对课间活动组织者事先进行培训，和他们一起商讨出游戏清单，并引导他们学会如何在游戏过程中支持低年级的同学。起初，你需要对他们进行引导性的监督，等到他们适应了自己的角色后，你便可以逐步放权。
- 灵活的座位安排：当我在波士顿地区教1年级和2年级的学生时，有一个学生——一个身材矮小、坐不住的小男孩——总是坐不好。似乎每次让他坐在桌前完成独立作业时，他都想站着。最终，我不再强求他坐着，而且在我看来，他的作业质量并没有受到影响。虽然对于学生，尤其是年幼的学生来说，学习正确的书写技巧和良好的坐姿很重要，但我认为给予学生自由活动、扭动身体和站立的权利也很有价值。我听说有些老师在教室里引入了站立式阅读桌，这似乎是一个不错的解决办法。你也可以给学生提供一些更加经济实惠的工具，比如夹板，辅助他们站着完成学习任务。

3 策略

放学后充电：师生都拥有自由时间

在赫尔辛基学校，我的常规全日制教学工作每周为24小时，如果算上15分钟的课间休息，每周实际授课时间仅为18小时。这符合芬兰基础教育阶段小学教师的典型工作量标准。

在我之前工作的美国学校，我和同事们每周花在学生身上的时间通常比我在赫尔辛基学校的同事多50%。事实上，根据2016年的数据，美国教师每周平均课堂教学时间（26.8小时），远高于经合组织其他国家和地区的教师。

鉴于我的芬兰同事在课堂上的时间明显更少，起初我以为他们会花更多课余时间整理教室、发邮件和备课。我这么想是因为在美国教书时，我曾梦想着能有较为弹性的工作时间（类似于芬兰的全日制教学时间），这样我就能把更多的课余时间投入到教学中。但芬兰同事的表现让我大为惊讶：通常情况下，我们这所由医院改建的教学楼在下午4点就空无一人，师生全员离校——这颠覆了我的认知。

在我在赫尔辛基的第一年，我的妻子怀着我们的第二个孩子，就在预产期前一周的一个下午，校长问我："你这个时候难道不应该在家吗？什么时候考虑提前休陪产假？"此外，在一个周五下午3点半，我在空荡荡的教师休息室工作时，这位校长在我耳边轻声提醒道："该结束工作，准备回家了。"她的话与我在波士顿地区遇到的一位美国校长的管理理念形成了鲜明对比。据他所说，教师基本上可以分为两类：一类是工作到傍晚的敬业者，另一类是"赶在班车前离开停车场的"准点下班的懈怠者。

在芬兰教书让我明白，这种二分法是不准确且无益的。尽管我经常看到同事们在最后一节课结束后几分钟就匆匆回家，但我逐渐认识到他们这样做是明智的，而非懒惰，因为他们懂得工作之余要合理安排时间，要给自己充电，这样才能保持作为教师的活力，从而更好地应对长期的教学任务。任何拥有至少一年教学经验的老师都知道，教学更像是一场马拉松，而非短跑。但根据我在美国学校里的观察，似乎很多美国教育从业者，包括曾经的我自己，都很难把握好节奏，常常陷入高强度工作模式，即便身体已经发出要放慢脚步的预警信号。

我在波士顿地区初为人师的那一年，尝试了冲刺式的教学方法，工作到入睡前一刻，减少睡眠时间以便第二天提早到校，甚至在午休时间备课。这种不停歇的工作方式导致了一个意料之中的结果：我彻底精疲力竭，饱受严重焦虑的折磨，甚至一度认为自己要永远离开教师这个行业。

在那第一年里，我犯的一个最大的错误就是自我评估的方式。我以为工作时间越长，作为教师就越成功。但对我而言，事实并非如此，工作时长并不等同于职业价值。我工作很努力，但不够聪明。在那第一年里，我常常在放学后花很多时间精心布置教室，或者试图把课程设计得完美无缺。而大多数下午，我真正需要的不是再多一个小时备课，而是多一个小时甚至更长时间从工作中抽离出来。有一次，我在赫尔辛基遇到了一位来自美国的教师，他告诉我，在弗吉尼亚州的公立高中，他每天上下班都要打卡，就好像他和他的同事们在建筑行业工作一样。这位老师说，奇怪的是，学区表示这些打卡数据不会对评估产生任何影响，但老师们还是得使用这个考勤系统。他描述这项规定时，我开始想象他和他的同事们会感受到多大的压力，即使没有要求，也会尽量早点儿打卡上班，晚点儿打卡下班。在我看来，那个学区的重点似乎不是教学质量，而是教学时长。

要在我们的课堂上优先考虑快乐，我们需要开始抵制这种无益的观念，即根据工作时长来评估自己。的确，与世界各地的教师相比，美国教师的工作时间长得多，我认为这一现实应该促使美国教师每天至少抽出一部分有限的空闲时间，用于放学后的放松活动。我认为每天给自己充电并非自私自利之举。相反，讽刺的是，一直工作、工作、工作，直到自己压力山大、焦虑不安，无法为学生提供帮助，这才是自私的表现。孩子们指望我们能给他们带来稳定感，而当我们请假（或者走向职业倦怠）时，就无法陪伴在他们身边了。

事实上，46%的美国教师表示他们每天承受着巨大的压力，这一比例与美国护士持平，在所有职业类别中是最高的。

放学后的放松方式因人而异。有些人可能通过短跑来恢复精力；另一些人可能通过和幼儿一起玩火车来获得滋养；还有很多人可能只是享受几分钟的闲暇阅读。我发现最重要的是要明确工作和休息的界限，并且坚定遵守。所有教师都清楚自己的工作量，所有教育工作者的日程中都有“必须完成”的事项，所以我并不是建议大家逃避责任——我只是建议大家要注重调整自己的节奏。多年前，我曾与一位美国教师交谈，她告诉我，她放学后会尽可能多地陪伴学龄期的孩子，等孩子入睡后再备课和回复邮件。对她来说，这种安排很有效——她清楚自己何时在放松，何时在工作。而我则更倾向于另一种方式：我更愿意把工作留在学校。那这样一来，我就能在晚上剩余的时间里从教学工作中抽身出来，即便这意味着回家的时间会晚几个小时。在赫尔辛基的时候，我通常会在最后一节课结束两小时后离开学校，因为这个时间点通常能让我有足够的时间处理教学上的必要事务：规划第二天的课程、准备课堂材料、评估学生作业以及清理电子邮箱的收件箱。

我逐渐明白，如果学校里有重要的工作没做完，我通常无法在放学后恢复精力。即便我在家和孩子们一起玩乐，我的思绪也会一直萦绕着那些未完成的任务。我发现，给自己设定一个截止时间，能促使我在离开学校前先完成最重要的事情。而一旦这些基本事项都处理好了，我对第二天的教学就会充满信心，这也有助于我在晚上真正从工作中抽离出来。

在学年期间，参与那些令人兴奋（但并非必不可少）的活动，比如社交媒体群聊天、志愿委员会和读书俱乐部，可能会很有吸引力。当然，这些机会确实很有趣，但它们也可能让我们分心。这会让我们无法完成基本的教学任务，从而进一步压缩本就有限的休息时间，使我们无法得到恢复。我发现，暑假是教师参与这类专业活动的最佳时机，因为不必担心第二天的课程准备。但即便我们为自己设定了合理的界限，确保每天都能得到恢复，有时工作仍会要求我们付出极长的时间。在赫尔辛基的学校，每年两次的期末成绩单发放季，我常常看到芬兰同事工作到深夜。在一些特殊的日子，比如一年一度的家长会，也会出现这种情况。有些日子我们下班后没有机会恢复精力，但只要我们养成了大多数日子都能做到的习惯，就能应对这些情况。

❖ ❖ ❖

一旦我们认识到定期给教学充电的重要性，我想我们就会开始明白这对我们的学生来说也同样重要。（这对美国的孩子来说尤为重要，因为漫长的在校时间已经大大减少了他们可自由支配的时间。）

作为教师，我们几乎无法影响学生放学后如何度过他们的时光。话虽如此，但显而易见的是，我们能够通过干预安排学生的家庭作业给学生每天留出足够的充电时间。

网上和其他地方都曾多次提到芬兰没有家庭作业。很抱歉让你失望，但这只是个广为流传的谬论。不过，我发现芬兰的教师在给学生布置家庭作业的数量上是合理的。我交谈过的那些教师都不想给孩子们增加额外的学业负担，因为他们认识到孩子们自由时间的价值。令人惊讶的是，芬兰的教师们似乎一直秉持着家庭作业应保持适量这一理念，即便芬兰学生的课堂学习时间明显少于其他发达国家的同龄人。在芬兰，我还没遇到过学校有家庭作业政策这种情况。我发现芬兰的教师有权决定给学生布置多少家庭作业。以我的经验来看，芬兰的教育工作者通常布置（相对）少量的家庭作业，这些作业可以在几天内完成。而且，这些作业通常都很简单，学生可以独立完成，无需成年人的帮助。

我认为我们应当考虑将家庭作业控制在必要的最低限度，这样我们的学生晚上就能有更多时间放松。如果你在一所要求每天布置一定量家庭作业的学校工作，那么您可以通过尽可能简化家庭作业来帮助学生在晚上放松，这样学生就能轻松独立完成作业。

策略 4

学习空间简约化

某次我在带领美国教育考察团参观我在赫尔辛基的学校时，一位行政管理人员转过身来面对我，带着些许担忧的神情。“我注意到墙上没多少装饰。”他说。这位访客想知道墙面如此素净的原因。

简单的回答是，当时赫尔辛基的学校正值暑假，包括我自己的孩子在内的许多学生都把他们的作品带回家了。但这并非全部原因。如果你在那年5月参观我的学校，看到的情景也是这种极简风格，并不会有太大不同。我想你会看到学生们在最近的地理单元中完成的海报，或者他们在视觉艺术课上创作的画作。在我参观其他芬兰学校时，也看到了类似的东西被展示出来，这种空间管理方式在芬兰具有普遍性。在我的经验中，芬兰的教师倾向于尽量减少教室和走廊里的物品数量。这可能是他们司空见惯的做法。

“少即是多”这一理念已深深植入芬兰文化基因，备受芬兰人推崇，这从芬兰式设计风格中可见一斑。随便参观一个芬兰人的家，呈现出的都是那种整洁、舒适的环境，尽显宜家那种极简主义美学特色。

你可以这样称赞一个芬兰人：我发现芬兰语中的“host”一词是对家中“tunnelma”（氛围）的一种积极评价。在我多年居住芬兰的经历中，我了解到从芬兰人的角度来看，一个舒适的家很大程度上取决于尽量保持居住空间的简洁。我认为同样的原则也体现在芬兰教室的设计上。许多参观过芬兰学校的人注意到学生和老师都显得很平静。当然，造成这种现象的原因有很多，但我认为其中一个原因是学习空间的简化。

2014年，卡内基梅隆大学的研究人员探讨了过度装饰的教室是否会让学生们分心，无法专注于学习。在这项研究中，幼儿园的孩子们在一个实验教室里接受了6节入门科学课，研究人员会实验性地改变学习环境——有时墙上挂满了装饰品，有时则完全空无一物。研究结果表明，当教室环境过于花哨时，孩子们更容易被视觉环境分散注意力，花在任务上的时间更少，学习效果也更小。当墙壁装饰繁多时，比装饰被移除时，（学生的）表现更差。作为教师，减少教室内的外部刺激对年幼的学生来说尤为重要，因为专注力是随着孩子年龄的增长而发展的。该研究还指出，6年级的学生比学龄前儿童更容易忽略无关刺激。

该研究的主要作者安娜·V. 费希尔（Anna V. Fisher）在接受《纽约时报》采访时说，学术成绩受众多因素影响，但其中许多因素是教育工作者无法控制的。不过，她指出，教室的外观是教师能够轻易影响的。

展示高质量的学生作品可以是一件令人愉快的事。学生们可以（也应该）为自己的出色表现感到自豪。作为教育工作者，我们也应该为引导他们的方式感到自豪。然而，研究表明，凡事过犹不及。我认为，作为教师，有时我们可能会过于关注学习成果的呈现方式。我们可能会花费过多的时间纠结于挑选标准的制定并把学生的作品贴满教室的墙壁，而忽略了教学中更为重要的方面。回想起来，我感到有些尴尬，记得在波士顿教书的早期，我曾把1年级学生的数学作业用订书钉钉在公告板上。我们需要找到一个平衡点，但我也意识到，简化教室布置可能会让人觉得很难。

多年前，我遇到过马萨诸塞州一所公立学校的老师，他们告诉我，学校因为没有展示足够多的学生作品而受到了严厉批评，尽管当时才开学不久。评估者认为，（几乎）空荡荡的墙壁表明学生没有学到东西。那么，你觉得从那天起，那些教师会把什么事情放在首位呢？

在我看来，这种认为墙上贴满纸张就意味着学习效果好的想法似乎很荒唐，因为有可能教师会花费大量的课堂时间指导学生完成墙面装饰。那位教师的教室可能看起来很壮观，但深究其背后，我怀疑在上课时间里并没有真正有意义的学习发生。

那么，面对更大的压力，教师们如何才能让学习空间保持简洁呢？这种压力或许来自用各种学习成果装饰教室墙壁的冲动。这首先需要思考展示学生作品的目的。如果主要是为了虚荣心，为了营造学习的表象，那么根据我在美国教室里的亲身经历，我坚信这最终会给我们老师带来负担，分散我们对最核心工作的注意力。

我并不是说教师要把教室布置得空空如也。如果我们对贴在墙上的东西有明确的目的，那其中也会有乐趣。但由于外部压力，我们或许需要克制一下。那种用纸张把墙壁装饰得花里胡哨的冲动可能源于对严厉评估者的恐惧，比如我在马萨诸塞州听说的那种，但这种压力更可能来自走廊那头的同事们，他们把很多纸张贴满了墙，还有那些家长，似乎认为展示的东西越多，孩子的学习效果就越好。但我们心里清楚，展示很多学生作品和海报并不一定意味着我们的课堂里有很多有意义的学习在发生。学习中最重要的一个方面是思考，而这是一个杂乱无章、看不见的过程。换句话说，并非我们和学生一起做的所有事情都能被包装成证据，随时准备展示。

> 加利福尼亚州的一位幼儿园老师英格丽德·博伊德斯顿（Ingrid Boydston）坦言，她过去会把教室的墙贴得满满的，但如今，据《纽约时报》报道，她有意留出一些空白。在给孩子们讲授法国艺术家克劳德·莫奈（Claude Monet）的课程时，她穿着围裙，戴着宽边草帽，用人们在这种场合会期待听到的那种欧洲口音跟孩子们讲话。讲完课后，她转向一块白板，写上了她那27个年幼的学生从她的讲话中记住的关键字。然后孩子们就往教室的颜料中心走去了，他们用棉签棒开始创作。最后，是时候装饰一面空白的墙了。最终，博伊德斯顿夫人选择用孩子们自己创作的莫奈风格作品来装饰一面空白的墙，而不是展示莫奈真迹。

作为教师，我们有责任为看似违背直觉的教学决策提供合理的解释，比如保持教室的简洁。同事、家长或者学生可能会问，为什么教室的墙面（相对而言）这么空荡荡的？我们不应感到被攻击或尴尬，而应冷静地给出清晰的解释，阐释其根本原因。以下是我的理由：

- 我希望教室的墙壁能给学生传递一种庄重而神圣的氛围。当我对学生们说“我希望你们做的这些作业能展示出来”时，这句话应该具有特殊意义。我希望他们能觉得在教室里展示自己的作品是一种荣耀。如果我对展示内容缺乏甄别，把（几乎）所有东西都贴在墙上，比如匆忙完成的家庭作业，学生们将收到相反的信息：展示变得随意而不重要。以我个人经验来看，这种做法会导致学生对展示内容的关注度降低。

- 作为教师，时间是我们最宝贵的财富。由于时间有限，我选择限制花在诸如教室展示这类辅助性工作上的时间。这并不意味着我不重视这类工作，而是因为我意识到自己肩负着众多相互竞争的责任。限制花在用作业装饰墙面的时间的一个方法就是让学生参与进来。以我的经验来看，即使是年幼的学生也喜欢在教室里展示自己的作品。在我看来，教师完全没有必要在放学后花时间展示学生的作业。让学生帮忙做这件事，在上学期间，减少展示的东西能为我们节省宝贵的时间，并让学生对自己的学习更负责，同时对自己的学习成果更有主人翁意识。

毫无疑问，减少展示的内容会使少数被选中的作品更加引人注目。这是非常有益的。精简展示内容能降低教室里的外部刺激，研究表明，这有助于学生保持专注。以我的经验来看，保持教室整洁有序最终能为我们节省时间，促进更高质量的学习，让教学和学习过程更加专注。如果你保持学习环境简洁，我敢说当你站在教室中间转圈，环顾四周的墙壁时，你不会因为展示的东西相对较少而感到不知所措或羞愧。相反，你和你的学生都会感受到一种由衷的愉悦。

策略 5

呼吸新鲜空气

当我探访芬兰库奥皮奥市米娜·雷哈（Minna Raiha）的6年级教室时，我注意到了一个细节，要不是我在赫尔辛基教过两年书，很可能就此忽略。在课间休息时我们一起聊天，这位经验丰富的教师突然打断了对话：“不好意思，我需要开窗通风。”她快步走到教室的一扇窗前，让更多的新鲜空气流入教室。我会心一笑，此情此景可再熟悉不过了。

在赫尔辛基，我的学生们经常未经许可就打开窗户，寻求新鲜空气。有时我会听到类似“我需要呼吸新鲜空气”之类的话，就知道有学生要起身走向窗户了。

现在回想起来，我明白了学生们总是关注教室里的空气质量是有道理的。我们所在的教室以前是牙科诊所，空间狭小，我们25个人在里面共处，显得拥挤不堪，唯有打开窗户才能缓解空气不流通带来的闷滞感。

与美国的教学经历不同，在那里我从未考虑过通过开窗户改善教室的空气质量，芬兰师生对空气质量的敏感度令我深思，我开始意识到这一简单行为的重要性。

尽管研究表明，无论是在室内还是室外，短暂休息对大脑都有益处，但我与芬兰学生和教师交流时，他们更强调到户外呼吸新鲜空气的价值。

这种理念贯彻在芬兰学校的许多政策中，比如明文规定：除非室外气温低于零下15摄氏度，否则小学生必须到户外活动。这意味着下雨天也不是留在室内休息的借口。我依稀记得来赫尔辛基的第一年，在某个深秋的午后，我看到孩子们冒雨玩耍的场景，令我十分惊诧。正如我岳父经常挂在嘴边的话："我们芬兰人并非糖塑之躯。"

在米娜工作的卡列瓦拉综合学校，教师和学生通过打开教室窗户实现"自然"通风。米娜告诉我，"在芬兰，官方对教学空间承载量有明确规定，工作人员根据教室的面积和层高，经过精确计算得出教室的最大容生量。"

芬兰对新鲜空气的重视程度并不局限在教学场所，比如我看到赫尔辛基的父母们，即使在寒冬时节，也会把熟睡的婴儿放在推车上让其在阳台酣睡。每当向芬兰人表达我对这种育儿方式的好奇时，他们给我的答案几乎无一例外：婴儿在户外睡得更好。后来我在赫尔辛基也是这样对待我们的二胎宝宝，但以前在美国的时候我想都不敢这么想。

在芬兰，关于新鲜空气的种种讨论让我开始反思自己多年来是否一直错失了一个提升身心健康和课堂学习效果的简单策略。在访问卡列瓦拉综合学校期间，我向米娜询问了新鲜空气的好处。她一边在办公桌旁和我聊天，一边给我上了一堂简短的科学课：人体呼吸会产生二氧化碳，当教室中二氧化碳的浓度超标时，会显著影响我们大脑的功能运作，会直接影响学生的学习效能。

米娜的观点与一项针对办公室工作人员的研究结果相吻合。在这项研究中，20多名专业人士分别在两个房间工作14天，两个房间的空气质量经远程控制分别模拟出传统标准办公楼和绿色建筑或通风系统更好的绿色（绿色+）建筑的工作环境。该研究发现，当参与者在空气质量优于传统标准的环境中工作时，认知功能得分显著提高；平均而言，他们在绿色建筑环境中工作时得分提高了61%，在绿色+环境中工作时得分提高了101%。

尽管该实验旨在模拟办公环境，但研究人员建议应在其他室内环境中作进一步研究，如家庭、学校和飞机上。因为在这些环境中认知功能和决策能力的下降可能会对生产力、学习和安全产生重大影响。

当我把这项研究结果告诉米娜时，她似乎一点也不惊讶，“环境中有太多东西……会影响学习，而且远远超乎我们的想象”。

在我为本书所做的研究中，我还发现了其他几个影响学习的环境因素，在接下来的章节中我会讨论其中的几个：教室装饰、噪音、照明不足和供暖不佳。切里安等学者在2014年指出：大量的科学证据表明，学生的学习和成绩深受其学习所处物理环境的影响。

虽然，作为教育工作者，我们对任教学校的空间结构设计几乎没有任何控制权，但我们仍能做很多小事来改善教室的物理环境，让全体学生都受益。以下是根据2014年世哲出版社（Sage）的一份新闻稿中研究人员提供的几条建议整理出的一份实用清单：

- 学生接触自然光越多，表现就越好。考虑到这一发现，尽量减少教室内的人工照明，最大程度使用自然采光。
- 研究人员指出，20℃—23℃的温度范围最适宜学习。因此，尽管在冬季打开教室窗户可能有助于改善空气质量，但寒冷的温度可能会妨碍学生的学习成绩。

- 研究人员发现，教室里展示传统弱势群体的成就（比如描绘女性科学家的海报）能够提升这些群体的表现。
- 在教室里避免展示刻板文化符号，比如展现某些群体文化中的吉祥物，以防导致这些群体的学生自尊心水平降低。

华盛顿大学计算机科学与工程系根据这些研究人员的发现重新设计了其设施（包括计算机实验室），教职员工和学生都对此作出了积极的回应，这表明学习环境变得更加包容和以成功为导向。作为K-12阶段的教师，我们也可以通过调整我们的课堂环境来采取类似的措施。

策略 6

走进大自然：去野外探险吧

2016年春天，我在芬兰家附近的池塘边遛狗时，偶然发现几个大约4年级的孩子独自在钓鱼。随着天气逐渐转暖，我注意到越来越多的芬兰儿童在没有成年人陪伴的情况下外出活动——骑自行车、在附近池塘游泳、拿着鱼竿四处走动。然而，促使孩子们走出家门探索自然的不仅仅是温暖的天气；即使在最寒冷的季节，我也观察到了类似的现象。

冬天，我习惯在离家较远的一个池塘绕圈，那个池塘的水通常全冻上了。一天早上，我惊讶地发现冰面上有50来个孩子在老师的带领下进行越野滑雪。那些孩子看起来像是在上一二年级。还有一次，在同一个结冰的池塘，我看到十几岁的学生在老师的带领下冰钓。另外，在毗邻水塘的山坡上，我发现小学生在上课时间玩雪橇（由校方批准，老师在场监督）。离那座小山300米远的地方有一所幼儿园，那里的教职人员告诉我，他们会定期组织学生去附近的森林，在那里教学生学习数学，这就是北欧的森林教育模式。

在芬兰，对于许多孩子来说，小学阶段最受欢迎的部分之一叫作“营地学校”（在后文提及创建班级梦想策略时，我将其称为班级营地之旅）。通常，芬兰的5年级或6年级学生会和教师一起在自然环境中度过几天。我和我的学生从赫尔辛基出发，坐了一个半小时的巴士，前往一个体育度假中心，在那里我们完成了各种有趣且富有挑战性的活动。去年，米娜·雷哈带着她的6年级学生去了营地学校几次。

以我的经验来看，芬兰教师似乎很乐意把学生们带到教室之外。理查德·洛夫（Richard Louv）在其2008年出版的《林间最后的小孩》（*Last Child in the Woods*）一书中盛赞北欧国家这种鼓励基于环境教育的模式，芬兰“已将大量课堂体验转移到自然环境或周边社区”。理查德·洛夫因提出“自然缺失症”（Nature-Deficit Disorder）这一术语而闻名，该术语旨在传达孩子与自然之间的联系逐渐断裂，甚至出现巨大鸿沟。

鉴于自然缺失症的情况，洛夫建议美国效仿芬兰，致力于开展以环境为基础的教育。起初，我不太愿意将“走进大自然”这一策略纳入其中，因为我担心它的适用性。根据卫星图像显示，这个北欧国家几乎完全被森林和湖泊覆盖，人们相对容易享受和探索大自然。芬兰得益于得天独厚的自然条件，非常适合开展自然教育。

我曾对走进大自然这一策略的可行性抱有质疑，放眼全世界来看，尤其是那些在城市学区任教的教育工作者，他们是否能够切实地采用这种策略。但随后我想到，定期接触自然世界对每个人来说都至关重要。有一次，我参观了一所森林幼儿园，那里一群五六岁的孩子每天平均在户外度过约4个小时。之后，我给洛夫教授发了封电子邮件，他多年以来一直致力于自然教育的研究，我希望他能帮助我理解这种安排的好处。

洛夫教授在邮件中写道：实证研究证实，接触大自然帮助许多孩子学会建立自信、缓解注意缺陷与多动障碍的症状、提升专注力。还有证据表明，自然游戏空间可以有效减少霸凌行为，对抗儿童肥胖和超重问题，并提供其他心理和身体健康益处。洛夫教授补充说，自然教育还能改善学生的认知功能。他提到一项在马萨诸塞州进行的为期6年的研究，该研究涉及900多所公立小学，研究人员发现学校春季（此时正逢马萨诸塞州大多数学生参加全州考试）绿化指数与英语、数学统考成绩呈显著正相关，该关联性在社会经济因素和城市居住情况调整后依然成立。

洛夫教授告诉我，在大自然中的学习体验并非万能解药，不过他提出像森林幼儿园这样的形式可能对那些因自身情况无法控制而感到压力的孩子大有助益。

正如洛夫教授在《林间最后的小孩》一书中所指出的，基于环境的教育理念并非新鲜事物——它已经存在了100多年。约翰·杜威在其1899年出版的《学校与社会》一书中就支持这一理念："（学校之外的）经验表现在地理方面、艺术方面、文学方面、科学方面和历史方面。所有的学科都源自同一个地球的不同方面。"洛夫在其书中还提到，哈佛大学教育学教授、多元智能理论的提出者霍华德·加德纳（Howard Gardner）最近在其智能清单中又增加了一种智能——"自然主义者智能"（naturalist intelligence）。

对于许多教师来说，尤其是那些在城市学校工作的教师，带学生去越野滑雪或冰钓是不切实际的。那么，教育工作者应该从哪里开始呢？我发现，将学生带入大自然的过程可以分为几个不同的阶段，以从相对较低的投入水平到较高的投入水平的顺序来思考是有帮助的。第一个阶段是将自然引入课堂。可能性几乎是无穷无尽的，这取决于你的课程。例如，在我在美国小学执教时，我们在教室的不同角落种土豆（以开展关于科学方法的单元教学）；照顾蝌蚪（以开展关于青蛙生命周期的单元教学）；在显微镜下研究从附近水库取来的池塘水。

第二个阶段是走出教室上一堂课，或者一堂课的一部分必须在教室之外开展。从管理角度来看，最简单的情况是不需要离开学校。教师可以安排一次实地考察活动，大型远足活动（比如爬山或参观植物园）就很棒，但通常需要教师投入大量精力去组织和管理。将校园的一部分作为栖息地是让学生定期接触自然的有效方式，而且为教师省去大量规划的时间。接下来，我说几个我在波士顿地区小学进行的教学实践：

- 让学生在科学日记中记录对在校园里发现的自然物体（比如石头、松果和羽毛）的观察和疑问。
- 用数码相机记录校园周边的野生动物，并将这些照片上传到我们的在线实地指南。
- 收集自然物体，比如落叶和大石头，作为蝌蚪栖息地的装饰物。

我建议，你可以考虑一下所在学校的步行范围内的自然场所，并充分利用。在波士顿某个小学任教的时候，我就发现一个距离学校仅半英里的池塘，我和学生们在那里种植蔬菜、记录野生动物（并将观察结果上传到我们的数字实地指南），采集池塘样本进行科学研究。在我的课堂上，学生们曾用不同材质的橡皮鸭在一条小溪里进行比赛，借此机会我还同时教授给他们数学课和科学课知识。

第三阶段是通过实施项目来绿化校园环境。洛夫教授指出："学校可以从创建蝴蝶园、安装鸟食器和浴盆、植树或打造本土植物园等小型项目开始，随后可以逐步开展更大规模的项目，比如建造池塘、设立自然步道或修复溪流。”多年前，我在马萨诸塞州的一所城市学校工作，那里有一位2年级教师带领她的班级开发并维护了一个大型校园花园。这个项目不仅是她和她那些年幼学生的快乐源泉，他们还从中收获了一种健康的自豪感。在另一所学校，我和一位教师一起工作，她在教室窗外设置了鸟食器，这样我们的学生在整个学年里都能轻松地观察和识别鸟类。孩子们对这些有翅膀的生物的热情极高，这似乎也激励着他们成为更出色的阅读者、写作者和学习者。作为教育工作者，我们无需追求宏大的目标即可从基于环境的教育中获益。我们可以从小事做起，体验将课堂与自然世界相连接的乐趣。

7 策略

保持平静

在访问芬兰东部的哈帕尼米小学时，我有幸与校长尤西·库科拉（Jussi Kukkola）进行了交流，并参观了几间正在上课的教室。令我印象深刻的是，学校内弥漫着一种非凡的宁静氛围——无论是教师还是学生都显得非常放松、从容不迫，尤其是在他们遵循传统脱鞋进入教室上课（这是芬兰家庭和学校的一种传统）的情况下。库科拉校长提到，自2016年秋季起，随着全新版芬兰核心课程标准的实施，学校将推出一系列新规定，他指出，第一条就是确保安全。然而，这些新规定的最终目标是什么？库科拉校长解释说："我们的首要任务是营造一个平静的学校环境。"

这让我深思。尽管哈帕尼米小学已经在为师生提供宁静的学习和教学环境中表现出色，但校长仍强调这一目标的重要性和优先性。相比之下，在美国，我听说学校往往更注重教学精准、项目式教学或者高成就，而"平静"对我来说是一个闻所未闻的新鲜概念。

在对芬兰其他学校的课堂进行观察时，我也发现了类似的宁静氛围。

显然，我并非唯一注意到这一点的人。在我所在的赫尔辛基学校，我们经常接待来自国外的访客，他们也常常评论这里的教学氛围轻松自在且毫无压力。我认为，这种典型的平和氛围是芬兰学生高效学习并在国际测试（如PISA）中取得优异成绩的重要原因之一。2016年，芬兰国家教育委员会颁布的课程框架明确指出："学习应该在平和友好的工作氛围中进行，以促进学生的全面发展。"

芬兰语中也体现了对宁静的尊重，例如"saunarauha"（桑拿宁静）、"ruokarauha"（用餐宁静）和"joulurauha"（圣诞宁静）等词汇，均表达了在特定场合保持宁静的理念。特别是在芬兰独立日庆祝活动中，人们选择在家中安静地点燃蜡烛，缅怀阵亡将士，而非像美国独立日那样通过喧闹的烟花表演来庆祝。

近年来，我注意到在美国的课堂上有一种趋势，即减少教师讲授时间，增加学生的主动学习机会。例如，"转身交流"成为了一种流行的策略，学生们通过相互讨论来表达自己的想法。然而，我开始思考，这种强调互动的教学方式是否可能导致学生错失了宝贵的安静时刻。虽然安静地工作可能不符合"主动学习"的定义，但我认为芬兰课堂的做法富有智慧，即给予学生足够的时间在安静的环境中完成自主学习的作业。

最近，我偶然发现了一组研究，似乎表明了这种做法的重要性。几十年前，俄勒冈大学的研究人员发现，居住环境的嘈杂程度与儿童辨识单词的能力、阅读熟练度之间存在显著关联。实验结果显示，家庭环境越嘈杂，儿童在区分相似单词和阅读方面表现越差。威斯康星大学在课堂环境中的后续研究也得出了类似结论：背景噪音会严重影响幼儿掌握新词汇的能力。

在她的文章《噪音污染如何影响学习》（*How Noise Pollution Impairs Learning*）中，《大西洋月刊》的撰稿人奥尔加·卡赞（Olga Khazan）描述了一项引人注目的研究，该研究涉及106名幼儿。研究人员首先让一组2岁的孩子在背景噪音比老师声音低5分贝或10分贝的情况下学习两个无意义的单词。结果显示，当背景噪音较小时，孩子们能够成功学会这些单词；而在噪音较大时，则无法有效学习。卡赞指出，在第二次测试中，结果相同。研究人员对年龄稍大的幼儿进行了实验，得出了相同的结论。第三次测试进一步表明，只要幼儿最初是在安静的环境中接触到新单词，即使后来处于嘈杂环境中，他们也能掌握这些单词的定义。

尽管还需要进一步的研究来探究噪音对不同年龄段学生学习的具体影响（尤其是青少年群体），但这项研究表明，教室中的背景噪音确实会影响学生的学习效果。作为一名教师，这促使我确保我的教室为学生提供一个安静的学习环境。本节策略“保持平静”旨在通过营造一个宁静、无压力的学习氛围，提高所有学生的身心健康水平和学习效率。以下是一些有助于维持课堂秩序和安静环境的解决方案：

制作锚图：一个明智的起点是与学生共同制定规则，这通常遵循“积极教室”（即响应式课堂“Responsive Classroom”）的方法。我与我所教的每组学生（无论是在美国还是芬兰）合作制定了课堂规则清单。这一过程十分简单：通常在开学的第一周或第二周，我征求他们对于共同课堂期望的想法，然后引导他们将较长的规则清单精简为几条核心原则。通常，我们的规则归结为3件事：尊重自己、尊重他人和尊重环境。虽然只有3条规则（便于记忆），但我经常发现，即使是高年级的学生，也从一起制作锚图的活动中受益，这进一步细化了规则的具体内容。锚图的目的是通过描述每个学生为实现特定目标（如认真倾听，或者就本策略而言，保持平静的学习环境）可以采取的具体行动，使课堂期望一目了然。

要与学生一起制作锚图，你需要大约10—15分钟的讨论时间，一张纸（或海报板）以及书写工具。布局简洁明了：纸张顶部写明预期目标，下面列出若干引导性问题，以促进讨论。教师可以在整个过程中向学生征求想法并将其记录下来。这项活动的目的是让学生们识别出一个和谐的学习环境所具有的特征。锚图一旦制作完成，教师和学生在整个学年中都可以参考它。以下是一个示例：

平静的教室看起来是什么样子的？	学生A：“教室整洁有序。”
它听起来什么样？	学生B：“教室很安静。”
它给人的感觉什么样？	学生C：“教室温馨舒适。”

噪音计：围绕营造安静的学习环境这一理念（通过规则和锚图）建立共同的期望至关重要。然而，学生还需要持续的反馈来了解自己在减少背景噪音方面的表现。为此，一个有效的策略是为班级设置一个由学生自制的“噪音计”，并将其摆放在教室前面显眼的位置。教师和学生可以定期使用该工具来指示教室内的噪音水平。我认为，让学生承担起管理噪音的责任尤为重要，因为根据我的经验，教师很容易不自觉地承担起控制声音的角色。如果教师过多干预，学生将难以学会自我调节，因为他们会逐渐依赖教师在他们过于吵闹时进行干预。

把握平衡：虽然我非常欣赏在许多芬兰教室中所见的安静氛围，这些教室里学生多进行自主学习，但所有学生定期讨论想法和合作的需求同样不容忽视。为了实现这种平衡，可以为自主学习和协作交流提供不同的机会。例如，学生可以在自己的座位上安静地完成个人任务，而那些需要讨论想法、获取反馈或合作完成其他任务的学生则可以前往教室内的指定区域，在那里他们不会打扰到其他同学的安静学习。

❖ ❖ ❖

近年来，正念练习已成为全球课堂中备受关注的教学趋势。初次接触这一概念时，我坦承自己曾持怀疑态度。（老实说，我觉得这听起来有点玄乎。）但随着我对此方法的深入探究（以及它在课堂上占用的时间相对较少），我逐渐认识到这是一项值得推广的实践。据研究员阿曼达·莫雷诺（Amanda Moreno）称，正念练习不仅能帮助孩子们保持专注力，还能帮助他们在情绪波动时更快恢复，且更顺利地完成日常学习任务的转换。一项针对小学环境的研究表明：

（1）接受正念训练的学生在“压力生理学”和“认知控制”方面表现更为出色；

（2）表现出更强的同理心、换位思考能力、情绪控制能力、乐观精神、学校自我概念和正念意识；

（3）自我报告的抑郁症状和同伴评价的攻击性行为显著减少；

（4）被同伴评价为更具亲社会行为；

（5）在同伴接受度（或社会测量受欢迎程度）方面有所提升。

20世纪70年代，生物学家乔恩·卡巴特·津（Jon Kabat Zinn）引入了“正念”这一术语。2015年，劳伦·卡萨尼·戴维斯（Lauren Cassani Davis）在《大西洋月刊》中将其定义为一种心理状态：“即有意识地关注当下，且持有‘不评判’的态度，但正念实际上是一种源自数千年佛教冥想传统的世俗哲学，并从中演化出技巧。”

在课堂环境中，正念练习的形式多种多样，但通常只持续几分钟，甚至几秒钟。在纽约市，一位高中教师阿戈斯·冈萨雷斯（Argos Gonzalez）在他的英语课上安排了5分钟的正念休息时间。在这段时间里，学生们可能会在脑海中勾勒出自己的情绪画面，或者专注于呼吸。帕特里夏·詹宁斯（Patricia Jennings）在其著作《教师的正念》[1]一书中，提出了几个简单的练习（适合所有学生），旨在促进自我意识，培养认知、情感和行为的自我调节能力并减轻压力。

❖❖❖

根据詹宁斯的研究，最常见的一种基于正念的练习是“正念倾听”，所需工具仅为一枚铃铛或音钵。这种练习在诸如午餐后返回教室或放学前等过渡时段实施效果尤为显著。詹宁斯建议教师在教授正念倾听时使用以下引导语：

> “我们将进行一项倾听活动，这有助于放松我们的大脑并使其更加专注。首先，请大家坐直，双手自然交叠放在膝盖上（或桌面上）。几分钟后，我会摇响这个铃铛（敲响音钵），请大家专注倾听声音直至声音完全消散。闭上眼睛能让你更好地集中注意力于听觉上。你可以尝试这样做，但如果你觉得闭眼不舒服，

[1] 中文简体版已由中国青年出版社于2024年3月出版。——编者注

可以将目光低垂至双手。”

一旦所有学生都准备就绪，教师可以敲响铃铛（敲响音钵），当声音停止时，教师即可开始正式授课。

詹宁斯还推荐了一种有效的过渡性正念练习——“正念行走”。在实施这一练习时，最好选择一个开阔空间，如体育馆或操场。詹宁斯建议教师按以下步骤引导学生：

> “今天我们来练习留意自己走路的方式。我先给大家示范一下。”教师需缓慢行走并同步解说，“在这个过程中，我们要注意观察重心从脚跟到前脚掌，最终至脚尖的转移过程。请特别留意足底承受身体重量的感觉”。随后让学生们面朝同一方向，开始缓慢绕圈走动。几分钟后让他们停下来，并询问他们的感受，多数学生会意识到保持慢速行走并非易事。

一旦学生掌握了这些基于正念的常规练习，詹宁斯建议将其融入日常教学中，从而“为每个人创造规律性的平静时刻”，使正念练习成为教学活动的自然组成部分。

第二章

归属感

根据学术文献，归属感是幸福的核心要素之一。作为教育工作者，我们可以通过实施多种措施在课堂上培养学生的这种联结感。其中，组建学校福利团队是值得关注的有效举措。

需要特别指出的是，归属感不仅是师生之间共享的情感体验，更是教师群体在学校内外与其他成年人共同建构的重要情感。在深入探讨本章其余6种强化师生关系的策略之前，我想特别强调一下建立支持型成年人社区的重要性，这一认知源自我个人经历职业倦怠期时的切身教训。

在夜以继日地全身心投入教学的过程中，我发现自己的人际关系受到了严重影响，包括与同事、朋友乃至家人的联系。简而言之，我没有将人际关系的维护放在优先位置，几乎未在这方面投入足够的时间和精力，导致我在工作中陷入孤立无援的状态。直到那次因职业倦怠而休假归来后，我才意识到与他人脱节的社交疏离让我错过了多少宝贵的机会。当我开始重新重视并投入更多时间于人际关系时，我的归属感开始逐步恢复。

在赫尔辛基的学校工作时，我观察到同事们非常重视彼此之间的联系，这种文化现象在美国教育系统中较为罕见。形成这种差异的重要原因在于教学时间安排的制度性区别（芬兰的课时安排更紧凑，全天日间休息时段更多，为教师交流创造了有利条件），芬兰教师们有更多的机会相互交流经验、彼此畅谈。此外，我认为更深层原因在于芬兰和美国教育工作者具有截然不同的态度，即芬兰教育工作者视教学为合作性的努力，这一点我将在第5章进一步讨论。

不少美国教育工作者认为教学是一项孤独的工作，因为教师们虽然花大量时间与学生相处，但与其他成年人交流的机会较少。然而，根据我的实地观察，芬兰教师们在学校内花费大量时间进行交流和高频的专业互动，他们彼此分享最佳教学实践经验、协同解决教学问题，更在此过程中建立起深厚的职业情谊。

如果我们认识到归属感对幸福感和教学质量的积极影响，并致力于每天放学后恢复精力，那么定期利用部分闲暇时间与成年人朋友建立联系是非常明智的选择。具体而言，你可以经常与同事共进午餐（而不是独自备课而错过用餐时间）、在傍晚与挚友通电话交流，或在孩子入睡后与配偶一起喝茶聊天。

策略 8

组建学生福利团队

除了在与成年人朋友的关系上定期投入时间外，我还建议所有教师借鉴芬兰推行的“学生福利团队”机制，定期与“学生福利团队”会面。在芬兰，任课教师可以根据需要，召集由校长、校医、社会工作者、心理医师和特殊教育教师组成的专业团队，共同研讨班级个性化需求。在我第一次与学生福利团队会面之前，一位芬兰同事称赞了这一做法，指出它能让教师感受到自己不是唯一对学生负责的人，这种协作机制能有效缓解教师的孤立感。

在会前准备阶段，我填写了一份简短的调查问卷，内容涉及学生学业和社交方面的需求。会议期间，我将填好的问卷分发给与会人员。同事们安静地浏览后，校长问我：“目前你的班级情况如何？”尽管她之前也问过类似问题，但这次的问题并不是例行询问，似乎具有特殊的意义。当时正值学年初（10月），在那个房间里，我被一群来自不同领域的专业人士包围着，他们准备倾听并回应我的见解。校长希望我能够分担照顾班级的责任，以更好地满足学生的需求。会议结束时，我们达成了几项明确的行动方案。离场时，正如同事预期，我深切感受到教师职业的群体支撑力量，不再感觉到孤单。

那天晚些时候，我查阅学校电子邮箱时，发现另一位教师发来了一封邮件，内容是告知我班上有学生卷入了一件令人揪心的事件。看到这封邮件，我心里一沉，但很快又稳住心神，因为应对策略已在脑海中初步成型。第二天一早，我径直来到学校社工的办公室，轻轻敲响了房门，向她寻求关于这件事的建议。幸运的是，她正好有空档，于是我们进行了首次一对一的个案咨询。这次会面使得共同承担责任的概念在我心中逐渐明朗起来。

在赫尔辛基，我觉得自己逐步形成了更具协作性的课堂认知观。教室不只是我个人的教室，更是我们所有人的教室。反观美国教育，我认为教师那种彼此孤立无援的孤独感正折射出学校专业协作网络的缺失，与其他专业人员建立联系的需求迫在眉睫。虽然芬兰学校有定期召开的学生福利团队会面来满足这一需求，但我认为任何教师都可以采用类似的做法。

我设想教师们可以不费太多周折地联系上一小群值得信赖的专业人员，并每年1—2次请求与他们进行简短的会面，讨论自己班级学生的学业发展和社交情感需求。这类似于每年一次的健康体检。我了解到，从外部视角审视自己的课堂非常有价值，尤其是在学年伊始。部分教师或倾向于跨校际组建团队，招募更合适的专业人员，我认为这也是可行的。因为教师们会在福利会议上讨论学生情况，所以保护隐私至关重要——在我看来，只要不提及姓名地讨论学生，这一点还是可以做到的。

如果你想提升教学愉悦度，培养个人归属感是基础前提。而且我认为，那些保持了良好的成年人社交网络的教师，更易实施以下6项课堂归属感建设策略：了解每个孩子、与学生一起游戏、庆祝学生的学习、追求班级梦想、消除霸凌行为以及伙伴制度：结伴帮扶。

策略 9

了解每个孩子

在我接手赫尔辛基的5年级班级之前，学生们已经和同一位班主任老师一起度过了4年的光阴——从1—4年级。在新学年的最初几天，我能明显感受到他们与前任老师的深厚关系。开学第一天，在食堂里，我看到许多5年级的学生与前任老师有说有笑，甚至拥抱在一起。（在芬兰的小学里，一位老师连续教同一个班级超过一年是很常见的事情。）

在赫尔辛基，当我从5年级起连续两年执教同一班级后，我更深切地体会到这种跨年级跟班制度的智慧和优势。当我继续教他们6年级的课程时，我惊讶地发现我们能很快重新建立健康的学习期望和课堂常规。不仅如此，我还发现，多教他们一年，使我能精准把握每个学生作为独立个体的特质。随着我们彼此之间越发深入的了解，我们的课堂上多了很多欢声笑语，学习效果和课堂氛围都显著提升了。

作为教师，我们知道要真正了解学生需要时间积累，但对于世界各地的许多教育工作者来说，似乎每到学年末，他们好不容易与孩子们建立起亲密关系后就要被迫说再见了。虽然这种情况在芬兰相对少见，但这种做法的好处是显而易见的。根据我的实际经验，在美国很少能见到像芬兰教师那样与学生保持长期联系的教育工作者。不过，要加快建立牢固师生关系的进程，其实有简单的步骤可循。我在芬兰首次采用的一项做法就是站在教室门口，当学生走进来时，叫出他们的名字并向他们问好，就这么简单。我愿意和学生们互相碰拳、握手或者击掌。

我的一些赫尔辛基的学生有时会调皮地试图从我身边溜过而不打招呼，这成了我们之间心照不宣的小玩笑。这种简单的问候惯例，不仅帮助我记住了每个学生的名字，更传递出一个重要的信息：我重视他们作为独立个体的存在，而不仅仅是一个班级群体中的一员。每天在门口的那个短暂时刻，我有时会称赞某个学生的新发型，或者询问某个体育赛事的情况。这些看似微不足道的互动，其实只是为了说一句“我看见了你”。如果一天即将结束，我会试着以和开始时相同的方式结束。通常我会站在教室门口，准备用愉快的告别语送他们离开。

许多美国小学老师会留出时间进行常规的晨会，让教室里的成员以不同的方式互相问候，比如和邻座握手或者齐声问候。虽然我非常支持晨会，这是我从教以来一直采用的方式，但我认为我们也需要每天培养与每个学生的个人联系。我发现，晨圈活动（所有人进入教室后围坐成一个圆圈进行集体活动）特别有助于在课堂上营造一种欢乐的集体氛围，而非强化师生之间的个体关系。

在芬兰，我还采用了另一种简单的做法，那就是和学生一起共进午餐。在赫尔辛基的学校，教师在午餐时间需要监督自己的班级，所以和学生一起用餐对我来说并不难。不过，这确实需要一些刻意安排。通常，在我的午餐时间，教师们可以选择和其他教师坐在一起，或者和几个学生坐在一起。我尽量在这两种选择之间交替，因为我发现与同事和班上的孩子都建立关系是很重要的。尽管我们的午餐时间只有20分钟，但轻松的玩笑、兴趣探讨都成为深化师生关系的催化剂，偶尔有的时候，学生会问我关于美国文化生活的问题。由于我们25个人坐不下一张桌子，因此我会尽量在一周的午餐时间与不同的学生交流。通常，个别学生会临时邀请我与他们共进午餐——如果那天我不能和他们一起，我会答应他们在其他时间与他们一起用餐。芬兰的午间师生供餐制，提供了很多非学术的时刻，我们可以自由地讨论任何事情，这对加强师生之间的个人关系也非常有价值。

教师需要在授课时展现专业专注度至关重要，这样我们的学生就知道是时候全神贯注地学习了。但是与学生一起放慢节奏的享受非正式互动（比如午间共餐时刻）同样不可或缺。

虽然芬兰截然不同的学校制度更容易实现师生共进午餐，但在美国也不乏有教师实践这一做法。这个简单的互动策略，不仅能增强身为人师的亲和力，还能让你找到时间示范良好的社交礼仪与饮食习惯，使学生从中获益颇多。

每天和学生一起吃午餐可能会让人感到疲惫，即使从理论上讲你可以做到。以我的经验来看，你可以弹性安排你的午餐时间，我发现有些日子我渴望有几分钟时间来放松一下。要么和同事们一起，要么安静地坐在角落里，这样我可以有几分钟时间来反思一下充满挑战的上午，关键是找到平衡点。

如果你对与学生共进午餐的想法感兴趣，我建议你从小事和初期着手。初期，你可以每周安排一个午餐时段与几位学生一起用餐。由于最终需要与每位学生都共进午餐，因此建立一个简单的记录系统来追踪你与哪些学生共餐以及具体时间安排将非常有帮助。

除了课堂问候学生并和他们一起吃午餐之外，我们还可以通过一项校外活动来显著提升与班级学生的师生关系——家访。初到赫尔辛基时，由于8月中旬开学前无法与5年级的学生见面，我没有考虑进行家访，但我认为家访这种做法在全球范围内都是可行的。

在美国任教期间，我在暑假进行了几次家访，发现尽管这需要牺牲一些个人时间，但绝对值得。最具有挑战性的部分是提前安排家访，因为在假期期间联系家长较为困难。然而，一旦家访计划确定，实际访问过程相对简单。我只需带一支笔和一个笔记本。笔记本中有一份由我的美国导师提供的问题清单，涵盖诸如“孩子的兴趣爱好是什么？”“孩子对这一学年有什么期望？”等问题。

标准的家访流程包含两个结构化环节：首先进行非正式学生访谈，我会与学生轻松地开始。如果他们愿意，我会酌情快速参观他们的家，了解他们觉得最有意义的事物。然后，我与监护人展开对话，听取他们对孩子情况的看法与评价，并了解他们对这一学年的期望。

家访的最大益处之一在于它向学生及其监护人传达了我们关心并致力于了解每个孩子的信息。我认为家访对于那些仅有一年时间与一群特定孩子相处的教师尤为重要，因为这些教师不像芬兰教师那样有机会在多年时间内逐步了解学生及其家长。这些简单的做法——向学生常规问候、定期与他们共进午餐以及进行家访——只是加深师生关系的几种方式。

我相信，致力于了解学生的教师必然会开发出各种方法（如上述措施）来更好地理解学生，这最终将增强你和学生们的归属感，从而营造整个班级的愉悦氛围。无论如何，要抓住并认真对待与学生互动时的每一处细节，看见班级里的每一个孩子。

策略 10

和学生一起游戏

起初，我对自己能否适应芬兰的教育环境感到怀疑，毕竟那里有成绩优异的学生和训练有素的教师，然而，当我回想起在美国接受过的关于如何开启新学年的培训时，信心逐渐恢复。2013年我们搬到赫尔辛基时，我特意带上了那本对我影响深远的大学教材《如何成为高效能教师》[1]（*The First Days of School*）。

黄绍裘（Harry Wong）和黄露丝玛丽（Rosemary Wong）在这本经典的美国教学指南中写道："你在学年中的成功取决于开学头几天的表现。"在我自己的书里，我兴奋地在页边空白处写下了"精辟！"并用铅笔圈出了这句话。"开学时，你必须把一切都准备好，安排得井井有条。"作者如此说道。和我认识的许多美国教师一样，我把这种理念铭记于心，以至于从我在马萨诸塞州的第一年教书开始，我就养成了为开学头几天制定详细

[1] 中文简体版已由中国青年出版社于2011年9月出版。——编者注

到每分钟的教学计划的习惯。这些计划主要围绕着教我的小学生一些重要的东西。诸如材料取用和去洗手间之类的程序和惯例。所以，为了在芬兰的开学第一天做到"一切准备就绪、井井有条"，我像在美国当老师时那样，整个夏天都在填满各种日程安排表、布置教室。

但在芬兰，开学第一周到来时，我注意到一件奇怪的事。许多芬兰同事整个夏天都没进过教室。开学前一天，我遇到一位年轻老师，她承认还在考虑那周要做什么。这让我感到震惊。在我这个美国人看来，这些训练有素的芬兰同事似乎并没有为开学第一天做好充分准备，看起来自在散漫却又从容不迫。与之形成鲜明对比的是倍感压力的我，努力按照教科书上的完美方式授课。

那周的一堂课上，我告诉赫尔辛基5年级的学生们，我们要练习安静、笔直地排成一列行走的班级常规，结果立刻响起一片抱怨声。原来，芬兰学生从1年级起就独自在走廊里走动，我的计划让他们很抵触，并且给出我不高兴的回应。我感到很尴尬，于是放弃了这个计划。我连忙终止了此项任务，然后迅速转而投入到另一项活动中。我带着这样的想法进入了那个学年：只要我掌控好时间安排和教室环境，我的课堂一切都会顺利。但我的芬兰同事和学生们却对这种想法提出了质疑。他们似乎更倾向于在学年伊始让一切保持宽松一些。

为了更好地理解这种理念，我与几位芬兰教师进行了交流，他们都没有被教导过开学的"正确"方式。"我认为重要的是要有一个'柔性启动'，这样学校的常规和程序才能慢慢融入学生们的生活。"库奥皮奥市马尔蒂·阿赫蒂萨里小学的教师约翰娜·霍皮亚（Johanna Hopia）说道。在霍皮亚的课堂上，开学头几天通常都是讨论暑假、集体游戏和一起进行体育锻炼。这段时间里，她既不发课本也不布置作业。赫尔辛基马努拉综合学校的教师耶雷·林纳宁（Jere Linnanen）则希望他的学生能以一个“自然的过程”返校。“我希望开学时能尽可能减少压力，”林纳宁说，“对我自己和我的学生都是如此”。去年8月，他和他的同事们带着4组9年级的学生去了附近的一个公园，在那里他们聊天、即兴跳舞，还踢足球、打篮球和玩《精灵宝可梦》，践行“零压力开学”的原则。林纳宁将开学后的头几天描述为“团队建设”。

在我所在的赫尔辛基公立学校，我发现也有类似的政策，教师和学生先上半天课，正式的课程安排要到下一周才开始。据芬兰万塔市马丁拉克索高中的外语教师塔鲁·波托拉（Taru Pohtola）说，在芬兰的高中阶段，学生开学第一天不正式上课的情况“非常普遍”。在波托拉所在的学校，新生会多一天时间来适应新的学校环境。“我们希望他们在正式学习开始之前，能更快地融入新学校。”她说。在我刚到芬兰教书的那几天，我带着5年级的学生去学校的一个体育馆，在他们唯一的课间休息时间里组织了一些有规则的团队游戏。游戏活动是我挑选的，规则也是我定的。但这种常规很快就变得无聊了，主要是因为我已经没有好玩的游戏可介绍了。幸运的是，我的一个芬兰学生建议我们玩“踢瓶子”，这是他们4年级时和老师一起玩过的游戏。我同意了，那个金发小男孩拿着一个空塑料汽水瓶回来了。接下来的几周里，我和赫尔辛基的5年级学生们每天至少玩一次“踢瓶子”。实际上，这是他们唯一想和我一起玩的集体游戏。而且每次他们都要我当“鬼”，这意味着我要数到20，他们去躲起来，然后我得去找他们。每次我找到5年级的学生并喊出他们的名字时，我们就会手挽手，形成一个变形虫般的队伍。如果我抓住了所有的学生，我就赢了，但可惜的是，这从未发生过，因为总有一个身手敏捷的5年级学生会得意洋洋地踢翻汽水瓶，释放所有的“囚徒”。通过我们疯狂的“踢瓶子”游戏，我意识到在开学初期，我能做的最有价值的事情就是像我那些悠闲自在的芬兰同事一样放松下来，单纯地享受与学生们的相处时光。我想我已经领悟到了：开学初期的核心价值在于建立情感联结而非机械执行教学计划。

尽管我一直都知道，加强关系非常重要，尤其是在一年的开始。但我面临的障碍之一是，从一开始就想要把每件事都做对的压力。

我与之交谈的许多芬兰教育工作者都承认课堂规范（建立规则和程序）的价值，但他们似乎更强调低压力学习环境的优先性。虽然许多美国学校可能没有芬兰学校实施的渐进式启动时间表，但我认为我们可以在课堂上慢慢来，以培养关系和轻松的氛围，为一年的学习打下良好的基础。

在学年伊始，我能为学生做的最好的事情之一就是和他们一起玩。这能缓解开学第一天的紧张情绪，并培养我们的团队精神。我在开学第一天，为学生们设计了一款“人名宾果”的课堂游戏，深得学生们的追捧。我喜欢这个游戏的原因是，它是一种有趣、活跃且毫无压力的加强关系的方式，而且适用于任何年级。虽然“人名宾果”游戏的规则各不相同，但这里我将告诉你我所学到的简单玩法。

每位学生（包括教师）都会拿到一张宾果卡，不过卡上的每个方格里不是数字，而是简短的描述，比如“我去过欧洲”或者“我骑过马”。然后设定一个10—15分钟的计时器，玩家们拿着卡片在教室里走动，努力在时间结束前尽可能多地勾选宾果方格。每位玩家都要像社会科学家那样行动，把宾果卡当作一份调查问卷。为了尽可能多地勾选宾果方格，玩家们必须向彼此提问，这些问题要与卡片上的描述相对应，比如“我去过欧洲”或者“我骑过马”。一旦有玩家找到与宾果方格描述相符的人，就可以请对方签名来勾选这个方格。在游戏开始前，我会给学生们定两条规则。其一，不能给自己签名，即便自己符合某些描述也不行。其二，每位玩家只能从同一个人那里获得一个签名。时间结束后，我发现对这次经历进行总结很有价值。一是，我会通过一系列与进展相关的问题来认可学生的努力，比如："有人找到超过一个匹配项吗？超过两个匹配项呢？”等，直到不再有人举手。二是，如果时间允许，我会让学生简要反思一下他们对彼此的了解："有没有什么让你感到意外？”

虽然通过浏览器很容易找到现成的打印版“人名宾果”卡片，但我更喜欢在电子表格中自己制作，这样可以完全根据我的学生量身定制。因为“人名宾果”是我和学生做的第一件事，所以我想给他们留下一个很好的第一印象。例如，在芬兰，我不会用“我去过欧洲”这样的描述，但可能会用“我去过美国”。

如果我跟初学阅读的孩子（幼儿园、1年级和2年级的学生）玩这个游戏，我可能会选择用简单的图片代替方格里的文字描述，并在游戏开始前简单地教一下。虽然我喜欢像“人名宾果”这样有结构的游戏，但我认为从开学第一天起，学生就应该有主人翁意识，能选择自己喜欢的游戏和老师一起玩，比如我的5年级学生就提议玩“踢瓶子”。我建议在开学头几天去操场上陪陪孩子们。

我觉得教师没必要“主导”任何游戏；相反，我建议你加入孩子们的游戏中。如果你是一位初中或高中老师，那么像耶雷·林纳宁和他的同事们那样，在开学的第一周组织一场有趣且轻松的聚会，和9年级的4个小组一起活动，这个主意怎么样？

策略 11

庆祝学生的学习

在我于芬兰一所公立学校任教的两年时间里，我对一些从未在美国公立学校见过的课程产生了浓厚的兴趣，尤其是家政课（烹饪课）、纺织课和木工课。在空闲时间，我曾多次偷偷溜进同事们的教室，想一探究竟。

有一次，我走进家政课教室——那是一间宽敞的教室，教室讲台前摆放着几个小型操作台和几张餐桌——发现9年级学生不仅有时间系统地学习烹饪技巧，而且他们还有充裕的时间品鉴自己的劳动成果，享受学习的乐趣。这种教学庆祝活动环节的安排看似简单，实则是在肯定学生付出的劳动成果的价值时最为恰当的方式。教师会固定保留课程的最后15—20分钟，将其留给这些9年级的学生，专门用于学生品尝自制餐点。在那次初次探访之后，我又多次回到家政课课堂观摩，每次都看到同样的情景。学生们似乎总有时间细细品味自己的美食。

我认为，这种简单的做法促进了他们在课堂上的成就感和自主性，同时还增强了他们的归属感——师生共同完成具有挑战性的教学目标后，通过集体庆祝深化每个参与者的归属感。在正式用餐前，学生需在限定时间内完成食材处理、操作台清洁、餐具收纳、织物整理及餐桌布置等系列任务。值得注意的是，所有学生无论是男孩还是女孩，都在精心准备美味佳肴，并且管理好其他所有要求完成的任务。回想自己还是个十几岁的男孩时，很难想象我会如此认真地对待烹饪课。

在家政课教室里，我清楚地看到这些勤奋的学生正在成长为能干的厨师，因为他们的内驱力十足。他们努力把菜做好不是为了取悦老师或者提高平均绩点，而只是因为他们喜欢烹饪，并享受与同伴一起完成任务的乐趣。因为这个过程令人愉快（顺便回顾一下幸福的核心3要素——归属感、自主性、精通感、心态与思维方式，在这里都得到了充分展现），而且他们在课程结束时有足够的时间享受美食。如果没有最后那15—20分钟的庆祝，我怀疑他们是否还能以同样的专注度和愉悦感投入学习。

在我的写作工作中，我也经历过类似的现象。当我看到自己的作品发表时，之前投入的那些时间就显得很有价值，而且能有片刻时间停下来庆祝这一成就，让我感到非常满足。我无法想象如果一直不停地写，却从不停下来为自己的努力感到欣慰，那会是怎样一番情景。然而，在我的教学工作中，我承认自己很难体验到那种健康的自豪感。但我不禁怀疑，这是否是因为从过往角度来看，我很少特意去庆祝学生们的学习成果。

改变的第一步要求我们不再将学习成果的庆祝视为可有可无的附加环节，而是要将其视为赋予学生学习意义、激励他们更有效地学习并促进学习社区建设的重要举措。在芬兰的家政课上，庆祝活动可能只占用偶尔一节课的15—20分钟，但想象一下这种（相对）小的投入所带来的益处。

我带领赫尔辛基的学生尝试过一种“读书分享会”的活动方式，具体做法很简单：我会和学生一起挑选符合他们阅读等级的书籍，让他们准备简短的报告展示对文本的理解，然后在同学面前进行5分钟的阅读分享。

起初，我并没有把读书分享当作学习的庆祝活动，但在学生6年级的学年里进行了两轮之后，它似乎达到了这样的效果。我收到了几个学生的反馈，他们告诉我非常喜欢有机会向同学介绍自己读的书，也喜欢听同学介绍他们读的书。此外，在展示过程中，我还听到几个6年级的学生大声说，他们非常想阅读正在讨论的某本书。我记得当时看到，至少有一次，一个学生把她刚刚在展示中介绍的书借给了同学。我的学生们相互激励着去学习更多知识，这让我感到非常开心。

为学生们预留时间让他们公开展示自己的学习成果，让他们的工作——认真阅读书籍并撰写有见地的报告——有了更大的意义。许多学生都把他们的读书分享会视为向同学推荐书籍或提前提醒他们阅读的机会。也许我最喜欢读书分享会的一点是，它似乎让我们成为一个更为紧密的学习共同体，学生们相互教导、相互学习，这种庆祝其成果的元素似乎增强了他们的归属感。以下是其他一些庆祝学习成果的想法：

- 你可以在写作课结束时预留几分钟，让几个学生向全班朗读他们的作品（比如故事或诗歌）。在我在波士顿教书的最后一年，我在我们的写作工作坊中实施了这个惯例，我的1、2年级学生非常喜欢——这让他们更加团结。作为学习者，这激励他们在课堂上创作出更高质量的初稿。
- 你的教室可以为学校社区举办一个晚间活动，在此期间展示学生的作品。虽然我见过学校举办大型展览之夜，这往往需要学生和教师投入大量时间，但我认为小型规模的活动也能取得良好效果。美国教师黛比 · 米勒（Debbie Miller）在其 2002年出版的《有意义的阅读》（*Reading With Meaning*）一书中描述了她1年级教室的“咖啡馆诗歌日”：

迈尔斯·戴维斯（Miles Davis）的低沉小号声在CD播放器中响起，在拥挤的教室里回荡。家长教师协会那古老的咖啡壶中的热巧克力在咕嘟咕嘟地煮着；旁边的一个碗里堆满了小块棉花糖。窗户上贴着装饰着新月图案的深蓝色长纸卷，使房间变得昏暗。台灯和从天花板上垂下的小串白色灯泡是唯一的光源。刚刚擦洗干净的桌子重新摆成了两人一组的小团体形式。手工制作的插在小陶罐里的花、诗歌书籍、一碗碗椒盐脆饼和装着磁性诗歌套件中单词的小容器取代了蜡笔、马克笔、剪刀、便利贴、铅笔和胶水。家长和孩子们围坐在一起，一边吃着椒盐脆饼，一边喝着从家里带来的热气腾腾的热巧克力，阅读着像埃洛伊丝·格林菲尔德（Eloise Greenfeld）、玛雅·安杰洛（Maya Angelou）、艾琳·费希尔（Aileen Fisher）、简·约伦（Jane Yolen）、瓦莱丽·沃思（Valerie Worth）和乔治亚·赫德（Georgia Heard）这样的诗人的作品。但受欢迎最为热烈的诗作，却是孩子们自己写的，这些诗作被印刷出来并装订成册，每人一本。

- 为了庆祝学生所学，你可以开设一个班级博客。虽然这一举措对任何年龄段的学生都可能行之有效，但我认为对年龄稍大的学生来说尤其有意义，因为他们有可能与老师共同拥有这个博客。

简单来说，一次好的学习庆祝活动就是集体停下来，共同感谢孩子们所做的出色工作。

12 策略

追求班级梦想：以班级营地之旅为例

在芬兰，班级营地之旅是小学教育生涯中的一次盛大庆祝活动，因为这是他们即将告别小学时光的一个重要时刻，具有特殊意义。学生们会提前好几年就开始期待这个活动，许多班级甚至会在学年前几个月开始筹款。我特别欣赏芬兰这种做法，主要有以下两个原因。

其一，我赞赏芬兰教育体系对学生责任感的培养，学生们为这次离家在外的旅行承担着筹集资金的重任。为了确保每个学生都能参加班级营地之旅，所需资金数额巨大，通常要数千欧元，筹款活动需要提前较长时间启动，并通过各种由学生主导的活动进行，比如举办烘焙义卖和校园舞会等，以确保所有学生都能参与其中。每个孩子从中锻炼了组织能力，也增强了社会责任感。

其二，共同筹集资金并参与班级营地之旅的过程有助于增强班级凝聚力。我的芬兰同事和我在同一年教6年级，她的班级营地之旅在秋季早些时候举行。当她和她的学生们返回学校时，我注意到他们师生之间的关系有了积极的变化。

在那学年的春季，我也在我的6年级班级中看到了类似的现象。从班级营地之旅回来后，学生们之间的关系变得更加融洽，他们表现出更强的团队合作精神，比以前更像是一个集体，而非一盘散沙。这次旅行显然是一次强有力的团队凝聚体验。我唯一的遗憾是，它没有在我与班级共度的两年时光里更早发生。

这段经历让我深刻认识到，像班级营地之旅这样的大型社交凝聚活动对于促进课堂内的联系至关重要。归属感是幸福的重要组成部分，也是构建快乐课堂氛围的关键因素。我建议老师们去追求类似的班级梦想，通过开展此类班级集体活动，增强学生的归属感和团队精神。

芬兰的班级营地之旅虽然具有诸多优点，但其实施需要大量的时间和资金投入，因此可能并不适合所有教师和学生。但值得庆幸的是，还有很多其他的班级梦想可以实现。例如，学生们可以合作制作一张音乐专辑，自行创作并演奏歌曲；或者组织一次登山活动；或者开发一款学习应用程序。这些可能性是无穷无尽的。

那么，一个班级应该如何去追求班级梦想呢？首先，教师和学生们必须共同做出决定。作为老师，我们中的许多人可能会倾向于预先为班级确定一个梦想。在芬兰教书的第一年，我犯了一个错误，那就是在没有征求学生意见的情况下就自行设定了一个班级梦想。实际上，在学年开始之前，我就已经下定决心要实现一个特定的愿景。我构想了一个跨学科慈善项目，我觉得这个项目既令人兴奋，又具有服务性，还能激励我的学生。我决定，我们要为一项善举筹集资金，通过筹集资金支持年轻的芬兰残奥会运动员，同时提高公众对这些残疾运动员所获资金相对不足的现状的认识。我设想我的班级会与这些运动员进行深入访谈，将他们的经历写在学生博客上并制作专题，甚至可能在全芬兰引发一场火爆的讨论！甚至于在见到我的赫尔辛基学生之前，我就安排了芬兰残奥会运动员来班级访问的活动，我自信地认为这些我不认识的5年级学生会和我一样充满热情。但事后看来，这个班级梦想注定要失败，因为如果这是我们的梦想，我应该和我的学生一起做决定。

在开学的头几周，我的赫尔辛基5年级学生们似乎对这个项目中的某些方面很感兴趣，尤其是与残奥会运动员的课堂交流，但他们似乎并没有领会我的愿景。比如，我认为为这些残疾运动员筹集大量资金会很有意义，但我的一些学生提出了一些合理的担忧。他们想知道如何实现这个额外的筹款目标，因为他们正计划为班级营地之旅活动筹集大量资金。

随着开学初几周的过去，我越来越清楚地意识到实现这个班级梦想行不通。这不是一个共同的愿景，也不切实际。我对此感到非常沮丧。我决定最好放弃这个项目，直接向前看。尽管在芬兰的这次早期尝试并不愉快，但它让我深刻认识到让学生参与规划过程的价值以及确定一个合理可行的梦想的重要性。值得庆幸的是，在我们共同追求和享受班级营地之旅这个共同愿望的过程中，由于我的自大造成的最初选择班级梦想的失误得到了弥补。

一旦你和学生确定了一个切实可行的梦想，我认为首先讨论角色分工是很重要的。在班级营地之旅，学生们主要负责筹款，而我则通过监督他们的进展来支持他们。我会允许他们在15分钟的课间休息时间在教室里开会策划，而且在他们的筹款活动（烘焙义卖和学校舞会）期间，我会随时为他们提供指导和帮助。不过，我不会亲自参与实际的筹款工作，因为那是学生的责任和任务。我发现，在芬兰，这种处事哲学是其他教师、家长和学生都认同的东西。

在幕后，我承担了一些对学生来说颇具挑战性的任务，比如与一位家长联络人合作处理班级营地旅行的支付事宜。这位家长为“班级营地之旅”开设了一个专用银行账户，所有筹得的旅行费用将存入其中。每次筹款活动结束后，我的学生通常会在数学课上清点款项，然后我会把钱锁起来，直到家长代表来取走现金。之后，这位家长会通过班级银行账户支付旅行费用。

在整个过程中，我与家长联络人合作，与其他家长沟通。我的工作之一是为这次旅行完成相关预订事宜，包括食物、住宿和交通方式。在听说了我的同事在“班级营地之旅”的积极体验后，我开始计划我们前往同一地点进行旅行。我以为我的学生们会乐意和隔壁班一同去参加班级营地之旅。但我又错了。

很多学生都希望去别的地方，即便他们已经得知我已在这个营地预定好了位置。这让我有点沮丧，但我心里有数该怎么做：我们就那两个选项投票，得票多的那个就是我们的选择。我班上绝大多数6年级学生都投票去另一个我还没预订的营地。于是我取消了我擅做主张的预订，根据学生的意愿重新预订了营地。最终，这次改变让学生们很开心，这让我也很开心，尽管这需要多做一点工作。在出发去以体育为主题的营地场所之前，我们还投票决定作为班级一起参加哪些活动。在商讨班级梦想时，教师和学生或许需要做出妥协，但这种民主的过程会让班级更加团结。在营地，短短几天内我们就有幸一起做了很多有趣的活动，比如极限飞盘、腰旗橄榄球、射箭、游泳和迷你奥运会。

有一天晚上，我们在一个小池塘边预订了一个桑拿房，池塘里的水冰冷刺骨（谁跳进去都会尖叫，包括我）。还有一次，我们在湖边预订了一个露营地，在夕阳西下时烤棉花糖，吃涂着草莓酱的煎饼。那天晚上，我试着教学生们用石头打水漂过河，结果自己示范时滑进了湖里，一只运动鞋全湿了。我们为此大笑了一阵子。

旅行结束后，我们在教室里进行了反思，我惊讶于在如此短的时间内我们竟一起经历了这么多快乐、难忘的时光。班级营地之旅感觉像是我们两年班级生活的完美句号。我还觉得，像这样的活动会是开启我们班级旅程的绝佳方式。

我们这次班级营地之旅的一个不足之处是班上有几个同学未能参加。出于个人原因，有几位同学决定留在学校，他们在我同事的班里待了几天。我尊重他们的选择，但同时又希望他们能和我们一起分享那些美好回忆。当我们回来后，我猜他们可能会感到有点被冷落了，因为很多同学都满怀深情地回忆着这次班级营地之旅的经历。

对于那些想和学生一起实现班级梦想的教师来说，我认为这一点很重要：像班级营地之旅这样凝聚力极强的集体体验，只有参与其中的人才能感受到它的意义。那些置身事外的学生无法获得和其他孩子一样的归属感。所以在我看来，与学生一起构想一个能让每个人都参与其中的愿景是明智之举。

我对我们的班级梦想感到非常满意，但这是仅靠我这个老师无法独自完成的。我们班的每个人都发挥了作用，包括其他老师、学生以及他们的家长。我强烈建议你找另一位同事为你提供建议并加入你的项目。也许你也可以成为同事的支持者。

在夏令营学校期间，我特别感激有一位经验丰富的同事在我们班级的这三天里给予帮助。在来之前，她坚持要以一些我意想不到的方式为我们班级服务：她打电话确认我们的预订，购买了野餐所需的食品杂货，还和我安排了一次会面，以便仔细检查一份重要的营地清单。在旅行期间，她甚至和我6年级的几个男生一起做了煎饼面糊！我的同事给我们的班级送上了一份大礼，她的帮助不仅让我们的旅行进行得更加顺利，还大大减轻了我的压力，更让我感到欣慰的是，她同样投入其中。与另一位同事共同负责班级营地之旅时，我觉得自己更容易专注于享受这段经历，而不是忙于应对各种事务。

班级的梦想可以像师生们所设想的那样宏大，但需要牢记的是，这些梦想应当是大家共同参与且符合实际的。

13 策略

消除霸凌行为

作为教室的领导者，我们有多种方法可以预防和制止霸凌行为。换句话说，在其发生之前就加以干预。本章中提到的策略——了解每个学生、与学生互动、庆祝他们的学习成果以及追求班级梦想——都旨在增强班级的归属感，从而起到预防作用。然而，尽管我们尽最大努力在课堂上促进积极互动，有时仍会发生类似霸凌的行为。当这种情况出现时，我们需要立即采取有效的应对措施。

根据美国国家科学院、工程院和医学院的一份报告，18%—31%的美国儿童和青少年经历过校园霸凌。2016年，记者罗克珊·哈姆西（Roxanne Khamsi）指出，尽管对霸凌的定义各不相同，“但定义这种行为最常见的方式似乎是反复的、故意的和具有攻击性的行为，其中施暴者拥有更大的权力——无论这种权力失衡是真实的还是被感知到的”。

在美国生活期间，我在3所学校任教。我走访了美国的3所学校（两所公立学校和一所私立学校），在每一所学校，我都发现了预防欺凌行为发生的一些明智之举。我记得看到过晨间圈会、定期全校集会、反欺凌工作坊，并制作过一张由学生签名承诺勇敢对抗欺凌行为的巨大海报。这些措施看似有效，但我没有看到一个系统化的全校性应对机制来处理已经发生的欺凌行为。

10多年来，芬兰一直在致力于解决学校中的霸凌问题。在我所任教的赫尔辛基的那所学校，我了解到了芬兰最受欢迎的反欺凌项目——KiVa，该项目如今已在芬兰90%的学校中实施。KiVa是芬兰语“Kiusaamista Vastaan”的缩写，意思是“反对欺凌”。同时，它也是双关语，因为“kiva”在芬兰语中意为“友善”。KiVa 项目不仅提供预防措施，还建立了系统的应对机制，确保一旦发生霸凌行为能够迅速有效地处理。

这项全国性的反欺凌计划前景看好。根据一项针对芬兰7000名学生的研究，研究人员发现KiVa项目显著改善了遭受最频繁欺凌的儿童的心理健康状况。KiVa项目的策略包括预防措施：学生接受有关欺凌的指导（例如通过计算机软件），并在课堂上进行角色扮演。在我任教于赫尔辛基期间，我观察到该计划的另一大优势：当欺凌行为发生时，有一套明确的应对步骤可循。（为了回忆起KiVa项目的流程，我与曾在赫尔辛基共事的同事葆拉·哈武进行了交流，她曾参加过这个反欺凌项目的培训。）

假设几个学生之间发生了冲突。一个孩子指控几名同学有类似欺凌的行为，比如自己经常在操场上被排除在游戏之外。这些学生可以向老师提出召开KiVa会议的请求（这一过程也可以由旁观者发起，如目睹类似欺凌行为的教师和同学）。然后，教师和相关学生一起填写一份表格，简要描述事件经过，并商定协商的日期和地点。接着，教师将填好的表格放入一个由KiVa教师团队定期监控的专用文件夹中，该团队随后会与经过培训的高年级学生团队沟通，这些高年级学生将参与调解。这样，这些高年级学生就能出席并协助调解。

在冲突解决会议期间，通常是在课间休息时借用一间空教室，教师、双方当事人和高年级学生会面。在KiVa冲突解决会议中，双方各自讲述自己的情况。最初的重点是倾听对方。接下来，调解员会请每一方反思自己的行为，思考自己本可以采取的不同行动。其理念是让学生们找出预防此类情况的可能解决方案。一旦双方承诺实施预防策略，由KiVa项目的调解员记录下来，会议即告结束。

“在KiVa项目中，除非你想说对不起，否则不必说。”葆拉·哈武说道，“因为，通常情况下，当你被告知要道歉时，你可能并不觉得自己有错。在KiVa项目中，你会努力找出问题所在，审视自己的行为以及自己本可以采取的不同做法。”通常，会在两周后安排这两方参加一次后续会议，届时会重新审视冲突。如果问题依然存在，就会采取额外的措施，并通知家长。

芬兰学校对霸凌行为持零容忍态度，但KiVa项目的核心理念是，通过一系列（相对）小的举措，如在课堂上开展冲突解决讨论或角色扮演，来预防霸凌的发生。“这确实是个很棒的项目。”我的同事葆拉向我保证。

在美国学校教书时，我觉得我和我的学生可以从KiVa项目的几个关键要素中受益。回想起来，我的课堂上有时会出现类似霸凌的行为，但我当时并不知道该如何有效应对。持续与学生讨论霸凌及其应对方法，这将非常有帮助。

此外，我认为建立一个处理学生投诉的系统非常重要。通常，我只会在看到冲突蔓延开时才去处理。或许我可以在教室里设置一个信箱，类似于芬兰学校的KiVa项目文件夹，让学生们向我反映彼此之间棘手的互动情况。最后，我觉得在处理美国课堂上的冲突时，应该更注重解决方案，而非仅仅让孩子们说声“对不起”。通常，我会催促我的小学生在事情过去之前先道歉，但我很少关注他们本可以采取的积极行动。让他们写下自己的前瞻性解决方案，并安排后续会议与他们讨论，这也会是明智之举。

校园霸凌显然是快乐的破坏者，如同侵蚀教育生态的慢性毒素，而学生们尽管只有霸凌的初期征兆，仍是具有破坏性的，甚至导致当事学生走向可悲的后果。值得庆幸的是，KiVa项目提出了创新方法，为守护校园正能量、维持课堂上的愉快氛围提供了帮助，其核心在于培养学生自主抵制欺凌的主体意识，这恰是构建健康校园文化的关键所在。

14 策略

伙伴制度：结伴帮扶

在我任教的赫尔辛基学校中，我注意到一项独特的跨年级协作传统：6年级学生会与1年级学生建立结对伙伴关系。起初，我只是从旁观者来理解欣赏这一做法，但当我的5年级学生升入6年级时，我得以亲身体验这种模式。

那年秋天，我们班前往1年级教室对接，我的学生们被安排与学校里年龄最小的孩子结为伙伴。我记得我们的合作始于一场由1年级教师精心设计的全校寻宝活动。从那天起，这种伙伴制度显著增强了低年级学生的归属感。在课间15分钟的休息时间里，我经常看到1年级学生紧紧跟随我的学生，并热情地拥抱他们。（有时候，这份热情过于“汹涌”，我不得不适时出面，帮6年级学生“解围”，他们对此心怀感激。）

在整个学年中，我们与1年级班级携手开展了丰富多彩的活动。我们至少共同完成了5次跨年级联合课程，期间我的学生耐心辅导低年级小伙伴，协助他们完成学业任务。此外，我们还进行了一次实地考察活动。这种安排简单易行，无需过多额外准备和沟通，但我认为这一实践显著提升了学校整体的归属感，尤其是1年级学生的融入感。同时，我认为伙伴制度也赋予了我的6年级学生更强的责任感和目标感。在责任与信任的滋养下，他们变得更有担当、更有目标。他们逐渐意识到，自己对年幼同学的友善之举意义非凡，正潜移默化地影响着校园的未来。

据我所知，伙伴制度并非芬兰学校的硬性规定或普遍性措施，但在赫尔辛基学校的实践中，我深刻体会到这一传统在提升学校归属感方面的积极作用。在我第一年任教期间，我曾多次观察1年级课堂，我的前同事、1年级教师葆拉·哈武向我分享了她关于伙伴制度的经验，让我受益匪浅。

> 在我任教的班级中，共有28名学生，其中包括一些“融合”进来的孩子。尽管班级人数较多，但得益于伙伴制度以及6年级师生的倾力协助，我们顺利组织了多次外出活动。我确信每个孩子都会有高年级的学生陪伴在身边。这些高年级学生虽然已经是青少年，但当他们被赋予责任并受到信任时，他们会表现出不同的行为模式。他们不再刻意装酷或逞强，而是全心全意照顾年幼同学，并成为他们的榜样。

葆拉对伙伴制度为何效果显著有着独到见解：有时，一个班级内部会形成特定的动态和角色分配。然而，当与另一个班级的学生混合互动时，这种群体动态会发生变化。在这种新的环境中，学生不必再扮演自己班级中的固定角色——他们可以融入新的群体，展现出不同的行为模式，拓展人际边界。

在我们的电话交谈中，我提到美国许多教师感到缺乏时间与其他同事合作，因为他们过于忙碌和压力大。“但这其中一部分原因，”葆拉打断我说，“是你独自承担所有任务时产生的压力。一旦你与他人分担责任，事情就会变得容易得多”。

虽然让6年级学生与1年级学生结对看起来是合理的安排，但我认为其他组合也能取得良好效果。例如：8年级学生与6年级学生结对，或者2年级学生与幼儿园学生结对。即使是年龄相近的孩子，也能从这种结伴活动中受益匪浅。

正如我之前所提到的，伙伴制度的准备工作相对简单。关键在于，在学年初就建立起这种班级间的联系，使学生和教师能够在整个学年中持续感受到归属感的增强。

第三章

自主性

在我在芬兰教书的第一年，开学前一天，我们在教师休息室召开了全体教师会议。校长在散会前问大家是否有问题要问。我心中有很多疑问，但有一个问题一直萦绕在我的脑海里：放学时我该把5年级的学生送到哪里去？在美国基础教育体系下，我曾参访过的每一所小学都实行教师护送制度，每天放学时教师都会把学生引导至学校门口，学生们要么坐校车，要么由家长接走（极少数情况下会步行回家）。我原以为赫尔辛基也有类似的制度。但当我向同事们提出这个问题时，他们都一脸困惑。事后想来，他们的困惑完全在情理之中。因为我的赫尔辛基同事通常不会送学生到校门口。他们会自己离开教室，自行走出学校——甚至是1年级的孩子。

于是第二天，我遵循芬兰学校惯例行事，像我的芬兰同事一样，在最后一节课结束时，我让5年级的学生自行离开教室。出于好奇，我看着他们从走廊的衣帽架上取下书包。有几个学生拿出自己的通信设备给家长打电话，这对我来说是完全陌生的场景。不仅如此，我还听到一些学生告诉家长他们要自己回家。

后来，我随意询问了班上的5年级学生，四分之三的学生都举手说他们自己上下学。我后来了解到，有的乘地铁，有的乘有轨电车，还有的步行或骑自行车。

就在那个学年，我遇到了一个2年级的女孩，她告诉我她会独自步行回家（大约1公里远，要穿过芬兰首都的市中心）。她还说，她到家时家里通常没人，但她不会无所事事，如果当天布置了作业，她会独立完成作业，而且还会给自己准备一些简餐，比如她最爱吃自己做的煎鸡蛋。当我把这小女孩的事讲给几个5年级的学生听时，他们早就习以为常：“这没什么大不了的，老兄。”其中一个学生声称他从幼儿园开始就独自回家了——我当时就在想，我这是在哪个星球上啊？

总的来说，芬兰的孩子似乎比美国的孩子更独立自主，但他们当然不是天生就有独立基因。我观察到的是，家庭与学校通过提供渐进式的独立实践给他们，他们有很多自己做事情的机会，无须大人手把手地教，在做事的过程中有效培育了学生的自我管理能力与自主学习意识。

作为一名美国本土的教师，我一直努力培养学生的自主性，尤其是在学年伊始，但在芬兰，我发现很多5年级的学生能展示出非常成熟的独立性，这让我不得不重新思考自己的教学方法。学术文献表明，自主性是幸福的重要因素，在赫尔辛基教书的那两年我也看到了这一点——每当我做出决定来培养学生的自主性时，我的学生们似乎都茁壮成长。

在库奥皮奥的尼拉拉幼儿园与一群芬兰幼儿园教师的访谈中，我询问他们促进课堂快乐的最佳方式，他们提出的第二个要素——良好的师生关系（归属感）之后——是为孩子们提供影响课堂的机会。他们也发现了快乐与自主之间的联系。在芬兰最新的课程改革中，培养学生的自主性（校内校外）是重点之一，同时还有优先考虑学习的乐趣以及营造协作学习的环境。

作为一名教师，虽然我已经认识到培养学生自主性的重要性，但我谦逊地承认，在该领域我仍有较大的专业发展提升空间。话虽如此，通过在芬兰与具备高自主性特质的学生群体工作，我提炼出若干有效提升学生能动性的教学策略。

15 策略

从自由开始

在我毕业实习阶段，我曾无数次聆听教授们对搭建教学脚手架的强调，将其奉为教学的圭臬。而我尤为笃信其中的“逐步释放责任”理论，它意味着教师需审慎把控学生的学习自主权，只有在观察到学生已具备相应能力时，才可放心赋予他们更多自由。多年来，我努力在课堂活动中保持严格控制，从特定学习体验的初期阶段就开始实施、紧抓不懈。

但在赫尔辛基开始教学时，不知何故，这种责任逐步释放的理念不再让我觉得适用——我的5年级学生已经表现出高度的独立性和责任感，远超我的预期，尤其在课外活动时，他们对自由的把控能力让我印象深刻。这使我开始大胆假设：如果将这一理念颠倒过来，初始阶段便赋予学生充分的自由，而非先施加诸多限制，是否更能激发他们的潜力？这一转变在我的教学实践中得到了验证，并在开学数周后迎来了关键的突破时刻。

为了筹款举办班级营地之旅活动，我的5年级学生想在上课时间举办烘焙义卖。起初，我对这个想法持保留态度，担心会增加管理负担。老实说，我不太喜欢这个主意。但学生们坚持认为他们可以独立完成这项任务，不需要我的过多干预。最终，我同意了他们的提议，并被他们的表现所震撼。学生们不仅制作了广告、管理了报名表、搬运了大量烘焙食品、布置了家具，还为所有点心定价，这一切都是在没有我直接指导的情况下完成的。这次烘焙义卖的成功不仅在于我们为班级营地之旅筹集了一大笔资金，更在于学生们展示了在拥有更大自主权的情况下，个人和集体能够取得的成就。

在当年学年的下半程，另一位5年级老师和我尝试开展了一个“自主学习周”（几位学科老师也参与其中）。在这一周的开始，我们给学生们提供了一份近乎全面的任务清单，覆盖了各个学科领域，并告诉他们接下来将不再沿用常规课程模式。相反，他们会有一些灵活自由的时间段，在这段时间里他们可以按照自己的节奏完成这些任务。我们相信他们会在需要帮助的时候主动寻求我们的支持。在自主学习周，我们没有频繁巡视教室、从他们的肩头窥视或者过度干预，而是给学生提供了机会，让他们先自己独立应对作业。我和我的同年级搭档把相当多的教学时间——将近15个小时——全权交给了我们的5年级学生，然而令人惊讶的是，我并没有感到焦虑。经过之前的烘焙义卖和其他经历，我知道我的学生有能力在拥有很大自主权的情况下取得成功。最终，我的学生们继续给了我惊喜。所有人都完成了作业，即便有些人需要额外的时间。

在美国，我听到老师们讨论从传统的“讲台上的圣人”向“身边的引导者”转变的重要性，前者以传授知识为主，后者则退居幕后，鼓励学生自主构建意义，并在过程中提供指导。我认为后一种方法很有智慧，但我在这里提出的策略——从自由开始——略有不同。根据我在芬兰的经历，我建议教育工作者应该为学生提供更多低风险的学习机会，让他们在早期阶段展示已掌握的知识。在那两年里，我不断发现我的赫尔辛基学生总能抓住机会，让我惊讶于他们自己已经能做到的事情。

以自由开始，从某种意义上说，类似于预测试（在教学前进行的评估）。在这种测试中，学生有机会在学习的早期阶段展示他们已经掌握的知识。预测试（在教学前进行的评估）与此类似，如果设计得当，预测试会为学生提供一个展示已有能力的平台，从而为教师提供合适的教学起点，铺平高效教学的道路。

在移居芬兰之前，我曾担心在学年、课堂活动或项目开始时给学生更大的自主权是否适当，因为害怕他们没有我的指导就会偏离正轨，但现在我认为以自由开始是有道理的，因为这让我能够看到孩子们已经能够做到的事情，就像一个好的预测试一样。

在课堂上，有时学生想要尝试我们认为对他们来说太难的任务，例如阅读超出其阅读水平的书籍或解决极其复杂的数学问题。在这些情况下，作为教师，我们基本上有两个选择：要么让他们去迎接这些挑战，要么引导他们避开。在我的教学经历中，从我在美国学校教书的时候开始，每当我在学生面前表示支持，给他们开绿灯，表明我相信他们的能力，即便我能预见到可能存在的困难，他们看起来也总是备受鼓舞。如果我的学生未能完成他们希望达成的具有挑战性的任务，也没有什么损失。最起码他们已经向自己证明了他们还没有准备好，至少目前还没有。而在学习过程的这个阶段，他们更有可能接受我的指导。

在我在芬兰教书的第二年，我收到了一名学生的电子邮件，他建议我们在课堂上使用一个名为Kahoot！[1]的测验网站。他附上了一段简短的推荐语，说他在校外使用过这个网站，非常喜欢。起初我对这个想法持怀疑态度，就像我当初对赫尔辛基的学生们谈到他们想举办一场烘焙义卖会时一样。我的第一个顾虑是，测验网站可能会增加学生之间的竞争，这是我希望避免的。此外，当时我觉得自己没有精力去学习像Kahoot！这样的新程序。

但在回复学生时，我没有直接拒绝。我告诉这位6年级的学生，我们应该在伦理课上讨论这个想法。（顺便说一下，在芬兰，伦理课是一门课程，可以在1—9年级代替宗教课。）

与这位学生和他的同学们一起，我想探讨使用这种对学生进行排名的测验网站的伦理影响。在关于Kahoot！的课堂讨论中，我们一致认为，判断这个测验网站是否合适的最佳方式是试用一下——而就在这时，我又一次看到了学生们迎难而上的精神。在那位给我发邮件的学生的带领下，我的几个6年级学生独立在Kahoot！平台上设计了一个测验，其中的问题与伦理单元的内容相契合。后来，我看到当时我为自己设定的目标是低维护成本，但学生们对这个项目的拥有感却产生了巨大的影响。当我们最终在伦理课上用其他学生来测试这个小测验时，教室里的兴奋之情溢于言表。我的6年级学生，他们拥有智能手机，用他们的设备参与小测验，要么独自完成，要么结对完成。我们不仅在紧张刺激的背景音乐的烘托下愉快地回答了那些选择题，且每个人都为这个有趣的小测验不是由我设计而是由他们这些学生设计而感到鼓舞。如果我当时通过电子邮件草率

[1] 是一个基于游戏的学习平台和在线学生反馈系统。它允许用户创建、分享和玩互动式测验，使学习过程变得有趣和参与度高。——译者注

地否决了我那个热情洋溢的6年级学生的想法，我想我不仅会错失这个寓教于乐的教学工具，更重要的是，我还会无法亲眼见证学生们展现出的独立完成项目的自主能力。对我来说，这又是一个难忘的教诲，让我深刻意识到：从初始阶段，教师就要赋予学生责任担当，适度弱化管控，学会放手，让学生承担更多的责任，从而有效释放其学习潜能。

策略 16

留白体验

在赫尔辛基任教一年后，我决定重新规划我们的语言艺术课程。我希望6年级学生能够将大部分课堂时间投入写作项目，这些项目要求他们进行研究、起草、重写、编辑流程，以及与同伴和我进行定期研讨。我认为，若要培养学生成为有效的写作者，他们需要有大量机会像真正的写作者一样工作。

那一年，我们许多课时都在学校紧邻图书馆的计算机实验室度过。每次启动新的写作任务时，我会提供一份详细的项目描述表，经过讨论后，允许学生独立完成任务。我们在黑板上画出一个区域，学生在指定区域写下自己的名字即可申请我的会面指导，我也可以通过同样的方式预约和个别学生会面。通常，在写作交流中，我和学生会讨论我在他们的作品上写的评语，共同商定下一步的改进计划。

一旦在语言艺术课上实施了这一新框架，我几乎立刻注意到积极的变化：我花更多时间给予建设性的反馈，而学生们则投入更多时间在具有挑战性的写作项目上。在这段时间里，6年级学生在写作过程中所处的阶段各不相同：有的在笔记本上进行头脑风暴，有的在实验室中间的桌子旁进行交流，有的在电脑上撰写初稿，还有的在图书馆查阅资源。只要学生们专注于自己的工作，我不介意他们在这一过程中处于哪个阶段。有几个学生询问是否可以在保持专注的前提下在课堂上听MP3播放器，我同意了。

然而，这种新的安排并非一帆风顺。一些6年级学生对这种自主学习的工作坊模式反应极佳，完成的作品远远超出了我的预期（这些学生最终养成了在没有我鼓励的情况下相互给予和接受详细反馈的习惯）。但也有一些学生似乎需要更多的指导。正是在这种自由写作的时间段里，我意识到了“留白体验”的重要性，即在教学设计中留出一定的灵活性和空间，以适应不同学生的需求。这样，既能保障优势学生的发展上限，又为需要支持的学生提供适时介入的可能。

在我刚开始教书的那几年，我很少给课程留出余地——我总是把课程安排得满满当当，以至于一个走神的学生（或者其他干扰）就能轻易打乱我的教学节奏。直到在芬兰任教时，我才真正意识到在一天的教学中留出余地或灵活时间的重要性，这样在必要时就能对教学和学习做出重要的调整。

在芬兰学校里，一天中频繁的15分钟休息时间是常态，“留白体验”在这种安排下自然而然可以实现。如果我班上的某个学生对作业有疑问，我们可以在其中一次课间休息时讨论；如果几个学生之间存在误解，我们也可以利用这段时间解决问题。在芬兰的时间表允许我在一天中的任何时候根据需要与学生会面，这对我的教学帮助极大。值得庆幸的是，这种时间安排并非是留出空白时间的唯一方式。

作为教师，我们可以在课程设计中融入余地。这一点在我重新规划语言艺术课时尤为明显。在新的安排下，我能够很高兴看到我的很多学生在写作方面都取得了显著进步，但也有一些学生似乎显得迷茫。起初，我记得在45分钟的工作后，有些学生的电脑屏幕上只写了寥寥数语，或者在图书馆里本应安静阅读时却开始窃窃私语。显然，工作坊的教学方法并非对所有学生都有效，需要采取干预措施。

课后的15分钟休息时间对于和6年级的学生进行交流很有用，但我逐渐意识到，在课堂上留出余地更为重要。如果只在45分钟的课后才进行干预，那会浪费宝贵的教学时间。学生需要即时的反馈，尤其是那些感到学习困难的学生。值得庆幸的是，工作坊的教学框架允许这种做法。

由于我的学生都是自主学习的，我的教学因此有了很大的灵活性。我可以和个别学生交流，也可以和小组学生会面，或者在教室里走动，快速了解6年级学生的情况。给予学生更多自主权的同时，也赋予了我更多的教学自主性。

在那些写作工作坊期间，我总是想和学生们交流。我希望能尽快与学生会面，因为这些会面往往对我的学生最有益。然而，在所有6年级学生都安定下来并专注于学习之前，开始会面是没有意义的。所以我通常会在上课的前几分钟让课堂慢慢进入状态，在学生继续写作项目时，解决诸如忘记带笔记本电脑或学校电脑设备不足之类的问题。一旦学生们都安定下来，我就会根据写在黑板上的预约请求，开始与个别学生会面。

然而，有时即便解决了最初的问题，仍有学生需要进一步的指导。例如，如果我发现某个学生花费大量时间听MP3播放器而不是专注于学习任务，我就会意识到是时候进行干预了。理想情况下，我会在结束一次会面后，在邀请另一位学生前来讨论之前，先为有需要的学生提供反馈。

在我在芬兰教书的第二年，尽管写作工作坊模式并非完美无缺，但它为学生和我提供了更多的自主学习机会，并且在教学过程中留出了充足的弹性时间。对于希望在课程中引入灵活时间的教师来说，不必局限于采用工作坊模式（尽管这确实是一个值得考虑的选择）。关键在于确保学生有足够的时间进行有意义的独立学习，这不仅有助于学生的成长，也为教师提供了更多机会给予建设性反馈。

在一天的第一节课中应用“留白体验”给学生更多缓冲时间尤为重要。以我的经验来看，学生们在开始当天的学习之前，有几分钟时间适应学校生活，能够使其更好地进入学习状态。为此，我通常会在黑板上写一条适合学生年龄的信息，学生一进教室（当然，在我跟他们打招呼之后）就能看到这条信息。接下来，他们会知道要花大约5分钟时间完成一些有价值的任务，如阅读一本有趣且难度适中的书籍或练习数学运算。当学生通过充分的练习和我的指导熟悉了这一常规流程后，它能为课堂争取到宝贵的缓冲时间。有了这个方式，我可以在学生逐渐适应新一天的学习时，轻松地与他们交流，了解他们的作业情况、健康状况或其他任何问题。

事实上，我发现无论何时学生进入教室，都可以有效地实施这一常规流程，为课堂争取更多缓冲时间，并为任何课程的开始提供一个平稳的过渡。道格·莱莫夫《像冠军一样教学》一书中，将这种做法称为“现在就做”，并定义为“写在黑板上或以打印形式放在教室里供学生一进教室就做的简短活动。无论哪种形式的‘现在就做’，在你开始上课之前它就已经发挥作用了”。在《像冠军一样教学》一书中，莱莫夫提出了4个关键标准：

✣ “现在就做”任务的指令应在教室的固定位置，无论是写在黑板上，打印在图表纸上还是写在固定的那张贴在墙上的纸上，这样学生一进教室就知道去哪里查看。

- “现在就做”活动应是独立任务，不需要教师进一步指导或学生之间交流。
- “现在就做”练习应控制在3—5分钟内，以免占用当天主要课程太多时间。莱莫夫认为“现在就做”活动必须是纸笔形式，这样“更具挑战性且更吸引人”，并且能让教师“更好地对学生负责”。（我不同意他的这一观点；我发现让学生有时间阅读优秀书籍，比如，只要让孩子们带着这些书进课堂，也能作为简单有效的“现在就做”活动。）
- 莱莫夫认为，一般来说，好的“现在就做”活动应预习当天课程或复习近期课程。这些目标值得称赞，但我认为让学生继续完成一项任务效果也不错。（比如立即着手一项独立的项目，如写作任务，或者，像我之前提到的，重新投入一本好书的阅读。）

莱莫夫指出：“我观察到‘现在就做’最常见的问题是，教师在回顾活动答案时容易失去时间观念，导致15分钟后，原本计划好的课程被‘现在就做’所取代。”为避免这种情况，莱莫夫建议教师在与学生一起回顾“现在就做”时，控制时间不超过3—5分钟。这一建议非常合理。

在我看来，实施“现在就做”常规的最重要目的在于提供必要的缓冲时间，使学生和教师能够在进入正式课程时迅速进入状态。尽管莱莫夫建议教师给所有学生布置相同的“现在就做”任务，但我认为，当学生有选择权时，他们会更有动力去完成这些任务。事实上，我的教学经验表明，提供多样化的选择能够显著提升学生的参与度和表现。

17 策略

提供有意义的选择

尽管自主学习周的实验在让所有学生完成作业方面取得了成功，但它存在一个明显的缺陷：我的赫尔辛基5年级学生缺乏选择。我或许可以辩解称，在自主学习周期间，学生们享有充分的自由，能够在15个课时内自主决定何时完成各项作业。但我深知，这种自由程度远未达到许多学生的期望。

在自主学习周结束后，学生们围坐在地板上，我则认真倾听了他们的反馈。许多学生觉得布置的作业量过大，尤其是数学作业。不仅如此，还有一些学生抱怨说，那一周的任务感觉无关紧要且枯燥乏味。尽管这些反馈对我改进教学大有裨益，但听到这些话时，我的内心依然五味杂陈。我原本想强调积极的一面，毕竟所有学生都完成了堆积如山的作业。然而，对于许多赫尔辛基的5年级学生来说，他们认为自主学习周最需要关注的问题是他们所感知到的主要缺陷：缺乏有意义的选择。

我认同他们的批评。尽管美其名曰“自主学习周”，但通过布置统一的任务，其间每个学生完成的都是一模一样的学习任务，本次活动未能充分考虑每个学生的学习优势和兴趣，某种程度上是我限制了他们的选择。因此，学生们并未获得真正有意义的选择，而是仅仅按照我的指令行事，遵循课程安排。这次经历让我对再次尝试自主学习周感到犹豫不决。虽然它并非完全失败——学生们确实开展了自主学习并取得了成功——但我意识到，若要再次实施并取得更好的效果，必须做出重大调整。为了提供有意义的选择，我需要更好地将学生的兴趣与课程内容相结合（这一点将在后续讨论中详细说明）。事后看来，自主学习周期间的大多数任务设计得过于僵化，旨在便于教师和学生管理，例如完成练习册上的数学题，这使得学生几乎没有选择的空间。

在芬兰库奥皮奥的尼伊拉拉幼儿园与一小群芬兰幼儿园教师会面时，他们告诉我，作为教师，他们的首要任务是将学生的兴趣与课程内容相联系。他们解释说，为了促进这种融合，他们首先需要了解学生的兴趣所在，因此观察孩子并讨论他们的兴趣一直是他们课堂上的首要任务。其中一位芬兰教育工作者提到，如果一个孩子对《愤怒的小鸟》感兴趣，教师就可以利用这种痴迷在课堂上开展教学。起初，这看起来似乎有些牵强，但我决定暂时保留意见。在会面结束时，我向她询问了如何将学生对《愤怒的小鸟》的兴趣与课程联系起来的具体想法。这3位幼儿园教育工作者兴高采烈地提出了各种可能性：分类、计数、命名、故事构建、角色扮演……他们本想继续列举与课程相关的各种练习，但我开玩笑地喊道："够了够了！"

这些芬兰幼儿园教育工作者的经验表明，了解学生的兴趣并将其与课程内容相结合，然后为他们提供有趣的选择，这一过程看似简单却极为有效。尽管他们教授的是5—7岁的儿童，但我认为这种方法适用于所有年龄段的教学。作为教师，我们不仅要熟悉课程内容，还要深入了解学生的兴趣，以确保在课堂上提供有意义且引人入胜的学习体验。在我的教学实践中，我常常发现自己忽视了识别所有学生的兴趣，而这恰恰是第一步。

将学生的兴趣与课程内容相结合的一个有效方法是提供更开放的任务。例如，在赫尔辛基的教学中，我摒弃统一书目要求，让学生自主选择感兴趣的阅读材料，并通过海报、幻灯片或网站展示他们的学习成果。尽管他们仍需展示对文学要素的理解（这是课程核心目标），但在完成任务的过程中，充分地保留了学生的创作自由度。

在我在芬兰教书的第二年，我和校长在历史课上尝试了一种新的教学方法。（值得一提的是，在芬兰，校长每周通常会安排几小时亲自授课。）我们邀请6年级的学生根据正在进行的芬兰历史单元提出引人深思的“深度探究问题”。为了启发学生的思维，我们鼓励学生系统梳理教材和学习笔记。学生们从之前的学习中了解到，一个引人深思的问题不同于普通问题，因为它需要扎实的研究支持和严谨的逻辑推理，通常以“为什么”或者“如何”开头。一旦学生列出了一系列引人深思的问题——例如“青铜器为何花了这么长时间才传入芬兰？”——我和校长便允许他们在教室里自由走动，相互分享问题。他们的任务是找到对某个特定问题有共同兴趣的同学，组成小组。

随着这些小组的形成，我和校长逐一与每个小组会面，审查他们提出的引人深思的问题，看看是否需要调整。一旦小组获得我们的批准，他们便开始研究各自的问题，并用研究结果制作一张大型的概念图，通过可视化的形式汇报各小组的研究成果。这个历史课程创新项目虽然并不复杂，但我认为它成功地将学生的兴趣与课程内容联系起来，学生们也表现出浓厚的兴趣。

为学生提供有趣的课程活动（正如芬兰学前教育工作者所建议的那样）或布置开放式作业并内置选择（如上述芬兰历史项目的开放式任务设计）是促进课堂上学生自主性的好方法。然而，在我看来，这些策略都无法与一个简单而有力的举措相提并论：与学生共同规划。

18 策略

与学生共同规划

在我在赫尔辛基教书的最后一个月里，我让学生成为规划者，参与程度远超以往任何时候。这一实践可以追溯到我在芬兰教书的第一周。正如前文所述，有一个5年级的学生，额头上长着因焦虑症状出现的红疹，他促使我实施了芬兰式课间休息制度；还有学生们关于他们在走廊活动方式的反馈，让我直面他们练习如何走直线的尴尬。从一开始，我就见证了让学生参与规划过程的巨大潜力。只要我愿意在课堂上给他们发言权，学生们就能贡献出许多宝贵的见解。

在去芬兰教书之前，我一直认为规划是教师的唯一责任，因此错过了一种能培养孩子自主性的快乐实践。然而，从开学第一周起，我经历了几次关键事件，这些经历进一步强化了与学生共同规划的重要性。其中一次发生在伦理教育单元期间，当时我和10名6年级学生一起研究了民主的概念（这是5、6年级课程的核心部分）。我们围绕民主的宏观层面展开讨论，并确定了其关键要素。借助一位竞选芬兰议会席位的候选人帮助，我们还研究了芬兰的政府体制。然而，最引人注目的部分是关于学校中民主形态的讨论。

为了开启这堂课，我播放了一段关于萨德伯里山谷学校的视频，在那里，学生们几乎拥有完全的学习自由。这种模式被广泛认为是真正民主教育的典范，所以我很好奇地想听听我6年级学生们的想法。我以为他们会喜欢这种独特的做法，因为孩子们被赋予了如此多的自由。

在萨德伯里山谷学校，学生们自己决定课程内容并安排日程。学校有规则，但不是由成年人执行，而是由学生主导的纪律委员会负责。几位成年人随时待命，在学生需要时提供帮助。在这段特定的视频片段中，一名十几岁的学生坦白说，起初他每天都在玩电脑游戏，但最终他走出了这个阶段。

在随后的谈话中，我惊讶地发现，许多6年级学生认为这种模式过于激进。具体来说，有几个学生对一些萨德伯里山谷学校的学生把上学时间浪费在玩电脑游戏上感到不满。他们的批评让我有些吃惊，因为我班上最直言不讳的孩子似乎在空闲时间里花了很多时间在电子设备上。那天，我的6年级伦理课学生向我表明，他们并不想要极度自由的教育模式，而是希望在教师指导下拥有一定的自主权。这种区别让我印象深刻。他们的反应让我感到意外和宽慰，因为在讨论之前，我担心他们会欣然接受像萨德伯里山谷学校这样的模式，并对我校及其他学校更传统的师生关系表示不满。然而，我的学生们显然希望将教师的领导作用和学生的自主性结合起来。这就是共同规划——共同承担决定学习方向的责任——如此有意义的原因。它能让教师和学生携手合作，充分利用学校资源。芬兰的新课程改革强调培养学生的自主性，要求所有综合学校（1—9年级）每年为所有学生开发并提供一个跨学科的学习单元，该单元要特别符合孩子们的兴趣。此外，还期望学生们参与规划这些跨学科的学习单元。

随着我对与学生共同规划的信心日益增强，在我们学习完民主之后，我决定与6年级学生共同创建一个伦理项目。我们转向了课程中的另一个概念：可持续发展。在对其进行了基本定义之后，我和学生们开始一起设计最终的单元。（在对民主学校这一理念进行一番探究之后，我觉得这样做是对的。）

我们集思广益，想出了可持续发展的不同例子，其中一个话题特别吸引我的6年级学生，那就是清洁能源——具体来说是太阳能的运用。很多学生听说学校里有一个项目，由高年级的同学负责，他们计划安装太阳能电池板。鉴于6年级学生们的热情，我们决定将这个特定的可持续发展领域作为本学年的最后一个单元进行研究。真希望学年里能有更多时间，因为我们设计研究方案时，学生们的想法层出不穷。起初，我们还讨论过为教室购买太阳能电池板的想法。（我记得，有一个6年级的学生甚至给我提供了一个他在网上找到的价格报价。）

最终，我们决定做一件相对简单的事。我们邀请负责学校太阳能项目的教师来教室做一次展示。学生们会把自己关于太阳能电池板的学习成果分享给这位教师，目的是教这位“专家”一些新东西。我们还安排了时间，听这位教师介绍学校项目的情况。为了增添乐趣，学生们计划设计一个基于他们展示内容的Kahoot！问答游戏，以此更好地吸引听众，包括几个由我的同事陪同的低年级学生。

由于正值学年末，我们只有短短几周（大约4个课时）的准备时间。但在那短暂的时间里，我的伦理课上的学生再次向我证明了共同规划的教学价值。在准备阶段，我看到他们的积极性、兴趣以及对高质量工作的投入度都有所提高。尽管关于太阳能电池板的展示并非计分项目，但我看到这10名6年级学生比以往做计分小组作业时还要努力。我们首先简要设计了一个幻灯片大纲（基于学生们对太阳能电池板的提问）。有了这个基本框架，学生们便开始分组用智能手机研究他们的问题。我们班的电脑主要用于制作幻灯片，这项工作由几名同学牵头负责。当他们开始制作演示文稿的初稿时，就在教室前面的屏幕上展示出来，这样教室里的每个人都能看到他们的进展。我记得有几位学生，在没有我的推荐或指导下，就把他们的幻灯片演示文稿上传到了云端硬盘，并开始相互分享，以此作为在校外合作的一种方式。这并非作业，但他们觉得自己的演示文稿很重要，于是把它当成了作业。不出所料，我感到非常高兴。

到了演示那天，我的学生们都准备好了。当他们轮流在我同事和她的班级面前分享自己的学习成果时，他们那种主人翁意识显而易见。他们条理清晰、充满激情地谈论着太阳能。当我的同事向我的学生们进一步介绍我们学校的项目时，感觉就像是一次令人耳目一新的学习交流。而演讲结束后学生们自己设计的有趣的Kahoot！问答游戏更是锦上添花。

师生合作共同规划的方式多种多样，但最关键的是教师在启动一个单元或项目之前，应预留时间与学生讨论学习的方向，并根据讨论结果来设计单元或项目的内容。

在我的教学生涯中，有时我会使用一种流行的教学策略——KWL图表，这是唐娜·奥格尔（Donna Ogle）在20世纪80年代开发的，用于开启单元学习，但我承认，我常常把这种练习当作一种义务，而不是能对单元学习产生重大影响的手段。教师使用KWL图表，通常在一张图表纸或海报板上分成3列，写下学生对于某个特定课程相关主题已知的内容、想知道的内容，然后在单元开始后，写下学生在这个主题上学到的内容。（KWL策略也可以用于独立的课程。）

以下是一个KWL图表的示例：

关于这个主题我已经知道的内容：____________

关于这个主题我想知道的内容：____________

关于这个主题我学到的内容：____________

KWL图表是一种构建背景知识的有效工具，有助于学生可视化自己在知识领悟方面的成长。但我使用KWL图表时遇到的问题在于中间那一栏——“关于这个主题我想知道的内容”。尽管我的学生常常会认真地分享他们想了解的某个与课程相关的主题，比如水或者动物的生命周期，但最终这些记录在KWL图表上的具体兴趣点并没有以任何有意义的方式影响单元的教学方向。也许中间这一栏有用是因为它能激发孩子们学习新事物的热情，但我认为学生会从规划过程中的更多自主权中受益。作为想要共同规划的教师，我们需要更重视“你想知道什么？”这个问题。

多年前，我参加了由弗吉尼亚大学的卡罗尔·安·汤姆林森（Carol Ann Tomlinson）主持的为期一周的关于差异化教学的研讨会，在研讨会开始前发生的一件事让我至今难忘。研讨会开始的前一天晚上，所有参与者聚集在一个礼堂里，我们被分成小组，由大学研究生来主持引导秩序，他们邀请我们分享自己关于差异化教学的兴趣点，然后根据我们的诉求快速将其记录在分布在礼堂各个角落里的海报纸上。当我返回酒店时，我看到汤姆林森拿着那些卷起来的纸板站在礼堂外面，我猜想她正准备回家，然后当晚就在厨房的餐桌上摊开那些纸板，研究我们的反馈意见。尽管她之前已经多次举办过这个研习班，但汤姆林森表明她希望让我们这些“学生”来主导那一周的学习进程。这就是共同规划，即让学生发表意见，然后将他们的反馈用于影响学习的方向。

19 策略

让教学贴近现实

上午9点45分，距离模拟游戏正式开始还有整整一个小时。几十名芬兰6年级学生紧张地站在一个占地550平方米左右的空间里，这个空间被设计成一个微型商业城市，配有市政厅、杂货店和银行等设施。学生们在小隔间中窃窃私语、指指点点，逐渐适应这个不同寻常的学习环境。每个学生都被分配到特定企业中的某个职业（如记者、销售员或保洁员），并在指定的小隔间内工作，直到最后一个班次结束于下午1点25分。

几周以来，这些6年级学生一直在教室里为这一天的参观做准备，学习创业、职业生涯、公民责任和经济学等主题。在小隔间里，这些12—13岁的孩子通过平板电脑仔细查看他们的日程安排和职业职责，训练有素的成年人在一旁提供帮助。与此同时，课堂教师被鼓励放松休息，有些人选择在"城市"的小咖啡馆里喝咖啡，观察活动的进行。

上午10点45分，第一个班次开始，微型城市里的人们忙碌起来，瞬间变得生机勃勃。每个企业的利润和声誉都面临考验。一些学生从空闲时间开始，自行领取银行卡，从而能够从城市的其他企业购买商品和服务。大多数6年级学生开始工作：老板通过数字银行系统支付员工工资，并与城市的能源和废物处理公司签订合同，而其他专业人士则专注于客户服务。80名孩子在这里进行角色扮演，整个“城市”热闹非凡。

本学年，芬兰超过70%的6年级学生通过名为“我和我的城市（Yrityskylä）的项目获得了类似的体验。这一倡议在芬兰这个北欧国家迅速发展，从2010年的800 名6年级学生试点项目，扩展到如今每年有45,000名学生参与，他们分别前往8个不同的地点。“我和我的城市”项目由芬兰经济信息办公室（这是一个有着70年历史的非营利组织）组织，其费用由教育部和文化部、地方政府、私人基金会以及少数作为实际企业的芬兰公司共同承担。

尽管“我与我的城市”已在全球范围内被公认为是创新之举，但这种芬兰的学习模式在一定程度上受到了美国“少年成就”（Junior Achievement）组织发起的“商业小镇”（BizTown）项目的启发。据帕西·萨尔伯格（Pasi Sahlberg）称，芬兰有从美国借鉴教学理念、加以发展并在芬兰全国范围内推广的习惯。然而，为何美国没有对其自身的创新学习理念采取同样的做法呢?

萨尔伯格告诉我，这与两国的教育政策差异有关。“美国学校里的很多决策取决于学区的决定”，他在一封电子邮件中解释道。而在芬兰，有一个明确且一致认可的芬兰全国性教育政策，“为整个系统设定了优先事项、价值观和主要方向”，这最终为该国的教育工作者提供了足够的空间来实施像“我和我的城市”这样的理念。

根据2016年8月在欧洲经济学教育协会会议上展示的研究，“我和我的城市”的学习效益令人信服。在这项研究中，约900名芬兰6年级学生完成了两份调查问卷（一份是前测，一份是后测），问卷包含多项选择题，旨在衡量他们的经济知识和储蓄行为。例如，问题包括：“图书馆是一项公共服务。它的费用是如何支付的？”根据研究结果，芬兰瓦萨大学经济学教授帕努·卡尔米（Panu Kalmi）得出结论，参与“我和我的城市”项目与经济知识的提升“明显”相关。此外，超过75%的6年级学生表示该项目增加了他们对经济问题和储蓄的兴趣。卡尔米认为，这表明这些学生受到了“我与我的城市”项目的激励。事实上，研究人员发现，那些在完成该项目后对储蓄兴趣显著增加的学生，也报告称自己的储蓄行为有了显著提高。

芬兰赫尔辛基一所小学的教师莫娜·帕拉内宁（Mona Paalanen）去年教6年级的学生，她在一封电子邮件中说：“我的学生们对‘我和我的城市’模拟经营项目热情极高。”帕拉内宁的许多6年级学生在她宣布参加这个项目之前就已经听说过它了，而且“这一次”她无需再费力激励孩子们做功课，因为他们的热情高涨。

对帕拉内宁和她的班级来说，最令人兴奋的时刻之一是在他们为期一天的访问前进行的一轮面试，这是该项目课程所鼓励的。她一个接一个地与学生们见面，就他们想在微型城市中扮演的角色向他们提问。面试结束后，她的6年级学生们笑着谈论她有多“严厉”，以及这“有点吓人”。就在同一天，一位家长给她发电子邮件，询问她的女儿能否通过电话进行面试，因为孩子病得太厉害无法来学校。她的6年级学生非常想面试市长一职。帕拉内宁告诉我，她学生的“执着”帮助她赢得了这个职位。在与其他参与过该项目的芬兰教师交谈时，她发现他们也有类似的体验。体验过

“我和我的城市”这个项目后，我听到一个普遍的反馈：这个项目对学生来说极具激励作用，这似乎促进了他们在课堂上以及在550平方米左右的学习空间里的学习。当我在赫尔辛基的学生参与这个项目时，我也有了同样的感受。

在那个重要的日子里，我的6年级学生们既紧张又兴奋。我站在一旁看着他们像小大人一样在各自的岗位上忙碌着。说实话，看到他们能胜任工作，我感到很自豪，而且在这一天的经历中，大多数孩子都洋溢着满足感。不过，并非所有人都一帆风顺。至少有一个小组的成员之间出现了合作上的问题。尽管这个问题在当天没有轻易解决，但这正是现实工作中常见的挑战，经历这些有助于学生未来的职业发展。

总的来说，“我和我的城市”对我的班级来说是一次特别的经历。看起来这既是一次庆祝，也是对他们所学知识的应用。当课堂学习与现实世界的学习相类似时，孩子们更容易明白他们学业的预期目的。

作为一名教师，我认为专业成长与职业使命紧密相连。当我学会如何更好地教学时，我感到由衷的快乐。我知道我不是唯一一个这样的人，因为我遇到过许多教育工作者——无论在美国、芬兰还是其他地方——他们都受到这种职业使命感的驱使。然而，我常常在学校里察觉到一种脱节现象：教师在课堂上的强烈使命感并不总能传递给学生。我发现，孩子们通常需要我们的帮助，才能明白他们的学业如何与“现实世界”相联系。

在我的整个教学生涯中，我一直知道这是事实，然而，尽管我尝试了一些方法来让我的学生的学习更有目的性，但我承认自己有时仍感到迷茫。（坦白说：我自己也不总是能完全理解课堂学习与现实世界的联系。）

我过去认为，只要告诉学生学习某样东西的理由（比如一个数学概念）就足够了。但我的解释很少能满足他们对学业相关性的理解需求。正如通常的情况那样，我需要范例来展示如何让孩子们的学习更贴近实际。我很感激在芬兰的课堂上看到了几个有力的例子，还目睹了“我和我的城市”项目的实施情况。

有一次，我走进赫尔辛基学校葆拉·哈武的1年级教室，看到小孩子们手里拿着真正的针。这尤其令人害怕，因为我一开始没找到葆拉。（后来我看到她坐在一张小桌子旁，指导一个孩子如何缝纫。）我很佩服我的同事让学生使用真正的针，但她似乎对这堂课有点不满意。葆拉透露，她唯一的遗憾是针不够锋利。在我的同事位于赫尔辛基的教室里，我没有看到金发小男孩用针危险地打闹；他们用针来完成其原本的用途：学习缝纫。在教室里使用真正的针可能对我们许多教师（包括我自己）来说都感觉有点冒险，但葆拉显然通过创造一个更真实的环境让学习更贴近实际，从而让她的学生觉得学校作业更有意义。

我在木工教室也看到了类似的现象，那间教室看起来更像是木匠的工作坊（有三四个传统教室那么大）。一天下午，我去给木工课的同事送个口信，出于好奇，我在教室里转了一圈，看看学生们的工作进展如何。在教室的一个角落里，我发现我的一个学生正在焊接。他戴着一个有大护目镜的防护面罩，手里拿着一把喷灯！

木工教室的两层楼上是家政教室，这又是一个奇特的学习环境，里面有小厨房、大菜刀、冰箱和洗衣机（用来清洗脏围裙）。在我于赫尔辛基教书的两年里，我曾多次去这个教室，每次都能看到学生们全神贯注地工作。我认为家政课老师给予的自由度是其中一个原因（孩子们都是自己准备一切），但我相信还有其他因素。

我认为一个主要因素是他们工作的明确目的。这些青少年正在学习烹饪，这是一项实实在在的技能，对他们来说意义重大。这是能伴随他们步入成年的生存技能。而这种总体目标为学生学习中那些（相对）平凡的方面赋予了更大的意义，比如洗碗、摆桌子和整理衣物。

在芬兰的一间幼儿园教室里，我曾看到孩子们经营着一家冰激凌店，用的是冰激凌教具和虚拟货币。的确，如果教师能给孩子们提供真钱和真冰激凌，这种安排可能会更真实，但我认为这种准备相对简单的举动已经很好地将数学学习与现实世界联系了起来。（顺便说一下，这所芬兰幼儿园的一位老师告诉我，他们偶尔会带学生去附近的冰激凌亭，用家长提供的真钱买冷冻甜品。）

运用“让教学贴近现实”策略并不需要像“我和我的城市”那样雄心勃勃，甚至也不需要像在教室里设置冰激凌摊位那样重要——它可以小到决定使用真针。让学习变得真实的目的是在课堂上培养一种使命感，这最终会给学生带来快乐。

策略 20

强调责任

在赫尔辛基的教学经历以及对芬兰教师的访谈中，我反复听到“责任”这一个关键词。相比之下，在与美国教育工作者的交流中，这个词很少被提及。在美国，更常出现的是“问责制”一词。尽管芬兰的教育工作者不受标准化考试或学校检查的约束，但我认为这种低水平的问责制之所以能在芬兰学校行之有效，是因为其背后存在高水平的职业责任感，而这得益于社会对教师的高度信任。

关于芬兰教师比美国教师更受信任的观点，在教育界已被广泛讨论，我也听到了多种解释。一种普遍接受的理论是，芬兰教师的社会地位极高。要成为合格的教师，芬兰人必须完成相当于教育学硕士学位的课程。与美国不同，芬兰仅有少数几所大学提供教师培训项目，录取率极低，且教育专业的学生需完成一篇严格的硕士论文。相比之下，“为美国而教”（Teach for America）这一组织以招募高成就的大学毕业生而闻名，但这些毕业生在进入城市学校任教前仅需接受五周的培训。而芬兰的小学教师培训则需要5年时间。虽然我认为芬兰教师总体上确实比美国教师更受信任，但这与其说是地位差异，不如说是文化差异所致。在两国，我都遇到过许多勤奋、可靠的教育工作者。然而，我认为美国学校系统的问题在于，过于强调基于恐惧的“问责制”，而忽视了基于信任的“责任”培养。

在芬兰，孩子们从小就被赋予大量责任。例如，我在赫尔辛基的学生中，绝大多数每天独自上下学。我还观察到一些细微之处：幼儿园年龄的孩子可以在赫尔辛基的公园里自由活动，无需家长陪同；孩子们在学校自助餐厅自行取餐；他们甚至可以在走廊中自由走动而无需老师监督。这些孩子被赋予责任，并非因为他们享有“高地位”，而是因为成年人相信他们能够独立完成任务并取得成功。

在我看来，芬兰的教育工作者也经历了类似的信任机制。我发现芬兰的学校管理者和家长之所以信任教师，是因为他们尊重教师的专业精神。我察觉到一种普遍信念：教师能够在没有外部压力的情况下出色地完成工作，而这种方式最终让所有人感到更加满意。相反，由恐惧驱动的问责制往往会剥夺个人体验有意义责任的机会，从而削弱其内在动力。

这一现象不仅适用于成年人，也适用于儿童。最近，我在与儿子米赛尔的关系中深刻体会到这一点。4岁时，米赛尔学会了如何在车内升降车窗。起初，我和妻子对此新技能略感担忧。尽管他被牢固地固定在汽车安全座椅上，无法自行下车，但我们仍担心他可能（不知如何）从车窗掉出去。因此，我们采取了一种“问责制”的方式：只允许他将车窗降下几公分，随后便锁住车窗。

然而，这种缺乏信任的表现——锁住车窗——让我们的4岁儿子感到非常沮丧。原本一项有趣的活动——调节车窗——变得不再令他满足，他常常在乘车时表现出不悦。经过几次类似的情况后，我们决定尝试一种新方法：不再锁住车窗，而是给予他机会，看他是否能独立承担管理车窗的责任。做出这一改变后，我们立刻发现他的态度显著改善，同时他也严格遵守了我们设定的规则——仅将车窗降下几公分。

最初，由于我们的担忧和缺乏信任，我们给予他的自由空间过小，导致他失去了承担有意义责任的机会。然而，当我们通过解锁车窗向他表明信任时，他不仅成功履行了责任，还表现得更加愉快。

虽然认为美国的教育体系能够照搬芬兰那种信任文化是不切实际的，但我们教师可以在自己的课堂上培养这种态度，赋予学生更多的自主权，从而让他们有机会承担与其年龄相适应的责任。在本章前面，我提到了“从自由开始”的策略，这当然需要信任，但我在本节中提出的“强调责任”的策略则更进一步。这更像是教师们每天在课堂上都应努力遵循的一项指导原则，而不仅仅是课初或单元初才采用。

塔鲁 · 波托拉（Taru Pohtola）是芬兰万塔市的一名外语教师，也是2015—2016 年度富布赖特学者[1]，她在印第安纳州度过了秋季学期。她告诉我，她认为在课堂上给予学生更多责任有助于缓解美国教师的压力：“尽管不能一概而论，但我观察到在许多美国学校（至少比芬兰多得多），教师们常常每天都要收学生的作业，每天都要花好几个小时批改这些作业。教师们可能迫于标准化考试的压力等原因觉得有必要采取这种做法，但对学生来说，如果每件事都不断被评估，也会感到相当有压力。我不禁思考，这是否也会削弱学习本身带来的乐趣。在芬兰，尽管我们也布置家

[1] 是美国政府设立的一项国际教育和文化交流旗舰项目，旨在促进美国与其他国家之间的相互了解和合作。——译者注

庭作业，并让学生在课堂上和家里做各种各样的课内外学习活动，但我们几乎从不给他们的家庭作业打分（只有某些特定的作业除外）。我们所做的就是和学生一起在课堂上讨论作业和练习。所有这些都被视为学习过程的一部分。让学生承担更多责任自然是减轻教师工作量的一种方式，但承担责任也是学生在生活中需要的一项重要技能，我认为让他们练习这一点很重要。”

作为教师，我们也可以在评估方面给学生更多的责任。塔鲁告诉我，她已经学会了让学生更多地自我评价，有时还允许他们自己批改作业。据她所说，这减轻了她的工作量和压力：例如，她不再亲自批改那些小词汇测试并打分，而是直接给学生展示正确答案，让他们自己检查做得怎么样。这样她或许就能把精力集中在比测试更重要的事情上，而且她相信学生最终也会学到更多，因为他们能立即得到反馈。即使是“测试”也可以被视为一种学习活动。她仍然可以在最后收集这些“测试”，看看哪些学生需要更多的帮助和练习。以这种方式，她得到的信息和自己批改是一样的，但节省了很多时间。

在课堂中培养责任意识有多种途径，但核心始终始于信任。我们是否愿意定期赋予学生足够的自主权，使其真正承担学习责任？虽然给予合理自由存在风险（学生可能失败！），但潜在收益显著：减轻师生压力、提升学习自主性，最终促进学业成就与学习乐趣。

当我开始在芬兰教书时，我有点惊慌失措，因为我发现没有足够的活页夹或文件夹供我所有的5年级学生使用。我和赫尔辛基学校的其他班级老师一样，都领到了新的笔记本：横线的、方格的和空白的。我心想，没有活页夹或文件夹，我的学生们要怎么整理那些散页资料呢？在美国，我从未见过有学生仅靠笔记本就能应付过来。

幸运的是，我找到了足够的（硬纸板）杂志架给我的赫尔辛基5年级学生使用，并把它们分发给学生用于整理。他们把杂志架放在课桌上，通常会把散页扔进去。但随着时间的推移，我发现了一个大问题：我的整理系统和我给他们的讲义并没有真正帮助他们保持条理。我经常给他们提供图形组织器，然后就会看到这些纸张在他们的硬纸板容器里堆积起来。最终，他们的杂志架开始溢出，放学后我有时会发现他们的讲义或书本散落在教室里——然后我会放学后帮他们把散落的资料重新归位。我还注意到，尽管我给他们发了笔记本，但我没有给他们足够的机会做笔记，所以他们的笔记本内容显得杂乱无章。

第一年结束之后，我淘汰了破旧的杂志架，决定效仿芬兰同事的做法：仅提供笔记本，让学生自主管理学习资料。这是一个简单的转变，但第二年我看到学生们在整理方面有了进步。放学后，我很少再看到他们的作业散落在教室里。那一年，我决定减少使用图形组织器，这样我的学生就能自己负责记录信息了，我还发现他们的记笔记技巧也有所提高。

通过实践经历，我明白了限制诸如杂志架和图形组织器之类的像“拐杖”一样的辅助工具，反而有助于学生最终形成自己的整理方法。我越来越清楚地认识到：作为教师，我有责任营造一个课堂环境，让学生有足够的自由去对自己的学习负责。

第四章

精通度

2001年12月4日，首次PISA结果公布，在经济合作与发展组织（OECD）成员国和地区中，芬兰在阅读、数学和科学3项学术领域均表现出色，成绩位列第一。在《芬兰教育课2.0》一书中，帕西·萨尔伯格对此进行了深入分析：

> 这项新的国际研究显示，芬兰学生与日本、韩国及中国香港学生之间的学业成绩差距已显著缩小。芬兰学生似乎能够在没有私人辅导、课外补习班或大量家庭作业的情况下，掌握测试中所要求的知识和技能，而这些在东亚地区的学生中尤为普遍。此外，芬兰样本中学校间的教育表现差异相对较小，显示出较高的教育公平性。随后的两轮PISA测试进一步巩固了芬兰在全球教育领域的声誉，吸引了世界媒体对芬兰教育体系的高度关注。

尽管芬兰15岁学生的PISA成绩在2009年、2012年和2015年有所下降，但根据萨尔伯格的观点，PISA数据总体表明，这一北欧国家无论学生社会经济背景如何，都能持续取得高水平的学习成果。

幸福感的一个基本来源是个人在某一特定领域感到自己具备能力，例如雕塑、编程或写作。2016年，拉杰·拉古纳坦（Raj Raghunathan）将其定义为对精通的需求。作为教师，我们可以通过满足学生对专业技能发展的需求，为课堂注入更多积极的情感体验。基于在赫尔辛基的教学实践以及对芬兰各地学校的访问，我总结了几项受芬兰教育工作者启发的培养精通能力的课堂策略：教授核心知识、合理利用技术、加强个性化指导、验证学习效果以及通过成绩讨论促进反思。

策略21

教授核心知识

在美国任教期间，我逐渐被一些具有启发性的教学模式所吸引，例如差异化教学、响应式课堂（Responsive Classroom）以及项目式学习（PBL）。作为一名教师，这些方法为我的教学实践提供了宝贵的指导。差异化教学促使我深入思考所有学生的学习需求，并灵活调整教学策略以满足这些需求；响应式课堂则为我提供了一个系统的社交情感学习框架，成为构建课堂文化的核心基础；而项目式学习则为我提供了一种全面的课程组织方式。尽管每种方法都具有实践挑战性，但它们也带来了极大的激励与成长机会。在这些方法中，我认为项目式学习因其复杂的实施维度，操作起来难度系数最高。

项目式学习就是基于项目的学习，它有多种定义，以下是我对这一跨学科教学方法的理解：一个基于项目的学习单元通常围绕完成一项真实且高质量的产品展开，该产品需同时契合教师的教学目标与学生的兴趣导向，这样才能够激发两者积极参与。在我的实践经验中，这类产品形式多样，例如班级编写的书籍、学生主导的戏剧表演或开发的应用程序等，是整个单元设计的核心所在。项目式学习单元通常以科学或社会研究内容为主导，同时将阅读与写作目标始终贯穿其中。通过这种教学模式，课程内容得以生动呈现，学生能够在制作有意义、高质量产品的过程中体验跨学科学习、参与服务活动、进行实地考察以及与专家互动。

当我开始在芬兰执教时，我希望能够将项目式学习引入赫尔辛基的课堂。为此，我依据学校长达500页的课程大纲，从7月份便开始规划一个大型跨学科单元，甚至在尚未与校长会面或了解具体教学安排之前便着手准备。我希望以此单元开启新学年，为学生带来一次深刻的学习体验。然而，实际结果却未能完全达到预期。

在规划中，我将该单元命名为“通往奥运会之路”，旨在通过奥运会这一主题引导学生学习历史与地理相关内容。在为期10周的单元中，我计划带领学生从古希腊时期的奥运会出发，逐步探索现代奥运会的历史演变，从而实现“穿越几个世纪”的学习旅程。在此基础上，我对照学校的课程标准梳理了历史与地理学科的核心知识点，明确了该单元的具体教学目标与内容领域。

为了给这个项目单元注入活力，我特意邀请了一位备战奥运会的现役运动员及其教练到课堂进行交流。此外，在学年开始前，我还联系了一位残奥会芬兰代表团的选手，她欣然同意与学生合作开展一项公益服务项目，旨在为资金不足的年轻残奥会选手筹集善款。

以下是我在2013年夏天（在我开始在赫尔辛基任教的前几天）撰写的单元计划描述：

> “通往奥运会之路”单元旨在培养学生对学习的尊重与自主

性，提升同理心，强化探究式学习循环，并营造注重高质量成果的课堂文化。与此同时，学生将在地理、历史及英语语言艺术领域掌握核心概念、知识与技能。此外，学生还将通过参与有意义的服务活动支持年轻残奥会运动员的成长。通过实地考察与专家访问，学生的学习过程将更加丰富多元。

在基于项目的学习中，某一个或两个学科领域通常起到主导作用。在本单元中，地理与历史成为核心学科，而读写能力则贯穿始终。对于本年度的科学内容而言，这意味着它将在下一项目单元中承担主导角色。总体而言，学生将在本学年全面接触各学科内容，尽管某些阶段可能会涉及多学科交叉，但这有助于深化对每个学科的理解。

在10周的学习过程中，学生将深度参与写作活动。每位学生需维护个人博客，记录学习进展与反思。在前3周，博客撰写将在校内完成，以确保高质量输出。此外，其他家庭作业（如阅读与数学任务）也将于初期在校内完成，以便学生更好地适应新学年的学习节奏。

尽管学年初需要掌握多项技能，但历史内容的学习尤为紧迫。创建班级维基词条库将成为记录学习历程的重要工具，帮助学生系统梳理数千年的历史脉络，同时鼓励他们更深入地参与内容学习。

你是否能够发现我规划中的问题？我已经识别出几个关键问题，但在我看来，最核心的问题在于计划中包含过多高要求且新颖的活动，例如学生博客写作、班级维基词条库创建以及为残奥会运动员开展的大规模筹款活动。这些活动本身并无不妥之处，但该计划似乎未能充分扎根于课程的核心内容，也未完全基于学生的兴趣点展开。回顾我的项目描述时，我发现自己的设计更像是让课程服务于这些活动，而非以课程目标为核心来规划活动。这种本末倒置的设计思路导致了诸多问题，例如“探究数千年的历史”这一表述便暴露了计划在深度与广度上的失衡。最终，我在芬兰实施项目式学习的努力以失败告终，主要原因在于我对学校课程内容的理解不够深入。

我认为，“通往奥运会之路”这一项目式学习单元未能顺利启动的原因有多个方面。首要问题是计划缺乏明确的重点：我没有以课程目标和内容为核心来引领整个单元的设计。此外，在赫尔辛基的教学初期，我还发现自己在规划课堂教学时容易被辅助性任务分散注意力。例如，在开学初的几周，我花费了大量时间安排奥运会参赛选手和残奥会参赛选手的励志访问、启动学生博客以及为一支年轻的残奥团队筹款。然而，这些任务并非教学的核心需求，反而削弱了对课程重点的关注。

相比之下，在美国波士顿地区的教学经历中，由于每周拥有更多的教学时间，规划时分心的问题并未显现。我可以允许单元和课程设计在某些细节上稍显松散，但仍力求覆盖核心内容。然而，在芬兰的教学环境中，我每周与学生相处的时间显著减少，因此无法再维持这种松散的规划方式。有限的教学时间要求我必须设计更加紧凑且高效的单元与课程，尽管这并非我理想的规划模式，却是现实条件下的必要调整。

新的教学环境促使我重新审视规划中的辅助性任务，并将其定位为支持性角色。在赫尔辛基教书的第一年，我负责5年级的部分学科教学，其中包括每周一次、每次45分钟的生物、地理、化学、物理和伦理课程。

同时，数学课的时间也非常紧张，每周仅有3节45分钟的课程。总体而言，我感到几乎所有学科的教学时间都极为有限。

起初，我认为芬兰较宽松的教学安排既是一种优势也是一种挑战。一方面，它提供了更多与同事合作备课的时间；另一方面，对学生授课时间的减少则带来了实际困难。幸运的是，在赫尔辛基的芬兰同事帮助我转变了规划方式，使我更加专注于教授基础知识。面对有限的课时，他们通常采用“逆向课程设计”的方法，即根据学期剩余课时数量，结合课程大纲与教材内容，制订具体可行的教学计划。

通过观察芬兰课堂的实际运作，我发现芬兰教师促进学生掌握知识的主要方法并非前沿创新，而是传统而高效的教学手段。例如，小组讨论、课堂提问及作业练习等方法被广泛采用。这些方法被认为更符合学生的认知特点，同时也确保了教学效率。值得注意的是，教科书在芬兰教育体系中占据重要地位。即使是小学1年级的学生，也会花大量时间完成不同学科练习册上的任务。在我观察芬兰各地课堂的几十个小时里，常见场景包括使用教科书、教师讲授以及学生将黑板或白板上的内容抄录至笔记本中。这种实际情况与国际媒体所描绘的美好形象存在一定差异，最初让我感到困惑不解。

经过分析，我认为芬兰教师倾向于使用教科书的一个重要原因在于，这些材料能够有效帮助他们安排教学单元与课程进度。例如，如果一个学年包含36节历史课，则相应教科书通常会设计36个模块，以精确匹配课时安排。这种严谨的规划方式有助于教师保持教学节奏的稳定性。

尽管芬兰教师享有较高的工作自由度，但其课堂教学方式却相对严格。这种看似矛盾的现象实际上反映了他们在日常工作中追求稳定性的努力，从而确保师生共同掌握各学科的核心内容。

多年来，我一直致力于提升自己的教学水平，但直到最近才真正感受到教学规划的重要性。采用“聚焦基础知识”的策略，并非意味着放弃以学生为中心的教学理念，而是强调在规划过程中保持紧迫感，优先考虑课程大纲中的核心内容。在芬兰，当我开始重新分配规划时间，使课程计划与单元设计更加紧密地贴合课程大纲时，我发现学生在课堂上的学习效果显著提升。他们需要我在教学中优先关注核心内容，而非被诸如邀请奥运选手或启动学生博客等辅助性活动分散注意力。实践表明，保持专注的最佳方式之一是充分利用教科书作为规划工具。

策略 22

深度挖掘教材价值

在美国任教期间，我对商业教材持一定的怀疑态度。这些教材被巧妙地宣传为“无需教师指导”（teacher-proof），即任何具备基本读写能力的人都能按照教学指南中的脚本化课程进行授课。我观察到，许多美国同事对此感到不满，因为严格遵循教材（即“照本宣科”）不仅限制了他们的教学创造力，还逐渐削弱了其职业自豪感。例如，我曾遇到一位美国公立学校的年轻教师，她对每天必须按计划完成一节脚本化课程的压力感到焦虑。尽管她清楚班上许多学生未能掌握数学知识，但她仍感受到来自制度的压力，不得不继续推进教学进度。

一些美国教育工作者对商业教材持不信任态度，主要源于他们对出版公司动机的质疑。他们担心，这些学习材料的设计是否真正以学生的最佳利益为核心？此外，有观点认为，在美国，某些商业教材可能仅作为标准化考试的辅助工具，而这些考试题目往往也由同一家出版公司设计，从而形成潜在的利益闭环。

然而，在芬兰的教学经历让我发现，我的芬兰同事对商业教材持有更为积极的态度。这令我感到意外——他们并未将教材视为束缚，而是主动接纳并加以利用。在赫尔辛基任教的第一年秋季，我与一位刚入职的芬兰教师交流时，她高度评价了所使用的商业教材。在她的教室中，她展示了多份教学指南，并向我解释，这些材料由经验丰富的课堂实践者精心设计，因此值得信赖。她对教材的看法兼具务实性与批判性：如果这些资源经过验证且质量可靠，为何不在教学中加以充分利用？

对比美国、芬兰两国教师对商业教材的态度，我发现了显著差异。芬兰同事普遍认为，合理使用教材不仅能帮助教师聚焦核心内容、保持教学进度，还能有效减轻备课负担，使他们不必从零开始设计教学单元和课程。

在芬兰的两年间，我对商业教材的态度发生了根本性转变。我逐渐认识到，教材并非课堂教学的唯一主导因素，却是重要的辅助资源。与其完全排斥或盲目依赖，不如采取一种“批判性使用”的策略，即深入挖掘教材中的优质内容，同时结合自身教学目标与学生需求进行灵活调整。我既不让教科书主宰我的课堂，也不会照本宣科。

这一理念与迈克·安德森（Mike Anderson）2010年在其著作《平衡发展的教师》（*The Well-Balanced Teacher*）中提出的观点不谋而合。他描述了自己对教材态度的转变过程：

> 几年后，我开始不再把数学课程当作唯一的教学工具，而是更多地将其视为一种资源。我遵循数学书的大致范围和顺序，使用那些特别适合我学生的活动。该课程中的一些游戏特别有趣且有用。然后，我根据课程的目标和指导方针创建了自己的课程，

> 这些课程更吸引人——更多动手实践，为学生提供更多差异化的选择，并且跳过了那些特别枯燥或对我的学生发展不太适宜的课程。我们利用几何章节的框架制作了一块几何拼布。我们自豪地把它们挂在教室里。我们在教室和学校里寻找分数和小数在现实世界中的应用，还玩了一些游戏来练习数位值。不仅学生们更喜欢数学了，我也一样！每天的课程对我来说更有趣了，因为我清楚这些课程符合学生们的需要，他们也会喜欢。备课本身也变得有趣起来，因为我全身心投入到根据学生们的最佳需求来设计课程和活动的创造性过程中。我不再觉得自己只是机械地执行着数学课程的既定内容，而是真正地像一名老师。这种做法不仅提升了学生的学习效果，也让我再一次重新找回了教学的乐趣与成就感。

基于芬兰同事的经验与个人反思，我深刻体会到，优质的商业学习教材在策略性使用下能够显著促进学生对核心知识的掌握。理想情况下，教师应获得高质量的课程资源；即便资源存在不足，也可以通过批判性思考与灵活调整，使其服务于教学目标。这一过程要求教师具备较强的资源整合能力与创新意识，从而实现教材价值的最大化。

“保留好的内容，”安德森说，“并将其作为重点。”在赫尔辛基，我和我的校长一起教6年级的历史，我们经常翻阅学生的教科书，仅选择与课程目标相关的内容。孩子们需要一个基础文本，尽管教科书存在缺陷，但它还是起到了重要的支撑作用。我们并不是机械地按照教科书进行教学，而是深入挖掘其有用的部分。

在赫尔辛基教数学时，我经常遵循商业课程（我认为它的编排很合理），但我同时鼓励学生在完成练习题时保持批判性思维。他们的数学教科书是从芬兰语翻译成英语的，时常能发现出版公司犯下的一些细微错误。为了更好地理解数学知识，他们努力找出这些材料中的问题，并通过批判性思考加深了对数学概念的理解。

近年来，爱沙尼亚在PISA测试中表现良好，特别是在数学领域。所以当一群爱沙尼亚教育工作者访问我的赫尔辛基学校时，我非常渴望和他们谈谈其在这些国际测试中的成功经验。午餐时，我和一位爱沙尼亚教师聊了起来。当我提到我在芬兰的课堂上观察到一种广泛使用教科书的现象时，她告诉我她在爱沙尼亚也看到了同样的情况。她认为这有助于解释她的国家在PISA测试中的优异表现。我也开始思考，芬兰在国际测试中一贯的高分成绩是否应部分归因于教师们巧妙地利用商业教材进行教学。

作为教师，如果我们想要促进学生掌握知识，我们不必像2015年一本教师用书《摒弃教科书》（*Ditch That Textbook*）所倡导的那样，抛弃教科书。相反，我们可以批判性地挖掘教科书中的优质内容，以支持有效的教学和学习过程。

策略23

合理利用技术

在赫尔辛基市中心的这所公立学校里，我对将要发现的技术并没有抱太大期望。在我初次参观赫尔辛基的学校时，芬兰校长带我参观了校园。她向我展示了教室、教师休息室和图书馆，并特别介绍了两间由约450名学生和教师共用的计算机实验室。作为位于赫尔辛基市中心的一所公立学校，我对这里的技术设施并没有抱有太高的期望。

多年前，在我成为课堂教师之前，我在马萨诸塞州一个贫困的城区担任4所小学的计算机代课教师。尽管该学区似乎资金紧张——在我在那里工作期间，甚至有一所学校裁撤了唯一的教务秘书岗位——但他们拥有令人惊叹的苹果电脑实验室，每个实验室都有大约25台看起来很新的台式电脑。每隔几年，这些设备就会被更换。每年，这个学区都会雇用两名全职计算机教师和一名信息技术专员负责监督所有的技术设备和软件。当我跟着我的芬兰校长穿过我的赫尔辛基学校时，这所学校所在的社区比那些马萨诸塞州的社区富裕得多。在参观赫尔辛基的公立学校时，我原以为会看到类似的先进设施。

然而，实际情况与我的预期大相径庭。我参观的第一间电脑实验室里大约有20台笔记本电脑，看起来像是10年前的老古董。后来，我注意到黑板上有一块专门的区域，供教师记录哪些编号的笔记本电脑出现故障；其中几台已经完全无法使用。尽管这间电脑实验室没有达到我的预期，我拼命地欲言又止。后来当我们穿过这件电脑实验室，爬上两层楼梯去参观另一间电脑实验室时，我觉得第二间电脑室和第一间没什么两样。那里大约有25台台式电脑，硬件老化程度同样严重。在我看来，它们都快报废了。通常情况下，我们学校的每个教室都配备了一台台式电脑、一台相邻的文档摄像机（doc cam），一台可以将图像投射到可拉伸幕布上的投影仪。有少数几间教室还安装了智能白板，但学校管理层并未积极推动教师广泛使用这些设备。与我在美国那些城市公立学校里的经历不同，这里的学校没有全职的计算机教师。教育工作者被鼓励根据自身需求灵活使用技术，而当遇到问题时，则需联系几位技术熟练的同事寻求帮助，他们为此获得少量额外报酬。

在我所在的赫尔辛基学校，技术整合并非重点，这一现象也在其他芬兰学校中普遍存在。在移居芬兰之前，我原以为所有高质量的学校都会配备最好、最先进的技术设备。但在芬兰学校待了一段时间后，我改变了看法，这里对技术的投资似乎落后于我在美国学校所见到的情况。在赫尔辛基，我发现当我和学生对技术的接触有限时，在课堂上更容易把学习放在首位。我没有那种（来自内部或外部的）压力去整合技术，这意味着我更有可能在技术便于提升教学效果时才使用它。我并不认为课堂技术不重要。确实，学校之间存在数字鸿沟，必须加以解决，但在许多学校，投入资金和时间似乎代价太大。那些时髦的技术很容易让人分心。这会分散我们教师的注意力，使我们无法专注于与学生一起完成最重要的事情。这一点不仅是我个人的经验总结，也得到了相关研究的支持。

2015年，经济合作与发展组织（OECD）——也就是设计PISA测试的同一个组织——发布了PISA数字技能评估的结果。该组织发现："总体而言，在学校适度使用电脑的学生的学习成果往往比很少使用电脑的学生要好一些。"但关键在于，"在学校频繁使用电脑的学生表现则差得多，即便将社会背景和学生人口统计特征考虑到其中，结果仍是如此"。

但OECD并未因这一发现而建议学校摒弃技术。"技术是大幅拓展知识获取途径的唯一途径，"OECD教育与技能司司长安德烈亚斯·施莱歇尔（Andreas Schleicher）表示，"要实现技术的潜力，各国需要更有效地投资，并确保教师处于设计和实施这一变革的前沿"。

要充分发挥技术在学习方面的潜在益处，关键在于教师如何运用这些工具。在芬兰，我看到我的同事们经常以适度的方式使用技术。最常见的一种方法是使用文档摄像机——我在访问过的每所芬兰学校都发现的简单设备。想象一下类似老式投影仪的东西，只不过它配备了一个微型摄像头。几乎每天，我都会看到我们学校的教师使用文档摄像机来提供教学中的视觉辅助材料。不仅如此，它还是学生向全班展示学习成果的好方法。例如，我经常让学生用教室前面的文档摄像机演示他们解决数学问题的方法。我并不是说每个教师都要去买一个，而是强调，有效的课堂技术不必复杂。

"我认为关于教育技术的讨论已经走得太远了，"赫尔辛基马努拉综合中学的初中历史老师耶雷·林纳宁（Jere Linnanen）告诉我，"（教育技术）

可以帮到你……但关键不在于工具，或者这不应该关乎工具。”林纳宁经常和他的8年级及9年级学生一起使用课堂套件来支持课堂学习。在他的课堂上，学生们使用免费软件共同制作幻灯片和文档。他称这些工具为“基础（应用）”，但他发现它们对他的学生来说效果很好。作为一家芬兰教育科技初创公司的前高管，该公司业务遍及全球，林纳宁在过去几年里一直密切关注科技领域的发展：

> [政客们]希望教育成为一个自上而下的解决方案。他们希望能够宣称：“如果我们在这项教育技术上投入大量资金，就能得到教育质量提高的成果，而且我们的排名上升，所以我们就按这个按钮。”但我认为教育改革应该从基层做起，像草根运动一样自下而上，教师之间相互联系、分享经验，并与学生建立紧密联系。这才是重点所在。

当技术整合能够支持学习时，它不仅能带来教学上的突破，还能给教师和学生带来愉悦感，它能给教师和学生带来快乐，尤其是当它让我们能够实现教育家威尔·理查森（Will Richardson）所说的“非凡之事”时：

> 与世界各地的人实时或异步交流，向全球受众发布内容，创造模拟世界中无法实现的事物、程序、艺术品和发明。

虽然以我的经验来看，在芬兰找到利用技术做“非凡之事”的学校相对较少，但我认为普遍采用技术来支持学习而非分散学习注意力的普遍做法是明智的。多年来，芬兰的学校已经证明，他们的学生无需大量投资于最新的科技设备就能掌握重要的知识和技能。我认为这对所有教育工作者来说都是重要的一课。如果我们希望学生真正实现精通，就应该让技术回归其本位，成为学习的有效工具。

策略 24

引入音乐

我在库奥皮奥的卡列瓦拉综合学校参观米娜·莱哈（Minna Raiha）6年级的班级时，首先映入眼帘的是教室后面的一套架子鼓和其他几件乐器。早上，我跟她的学生们分享说，我4岁的儿子喜欢打鼓，而我自己却对此一窍不通。米娜热情地向我保证，她班上有一个学生可以教我。果不其然，在和米娜的班级一同前往食堂吃午饭之前，她班上一个技艺娴熟的6年级学生很热心地把我领到教室里的架子鼓前。准备现场教学一场别开生面的打鼓课。班上的好多学生兴奋地围过来，形成了一个半圆形的“观众圈”，期待着这场即兴的表演与教学。

首先，拿起鼓槌，轻轻敲击鼓面。随后，他开始演示正确的打鼓技巧，底鼓、军鼓和踩镲在他的手中配合得天衣无缝。他把鼓槌递给我，我小心翼翼地坐在鼓凳上，心中既紧张又兴奋。起初，我感到不知所措，我握着鼓槌的手有些僵硬，仿佛被施了魔法般不听使唤，难以协调。然而，那位6年级学生和他的同学们并没有放弃我。他们像一群经验丰富的老师，耐心地给予我指导和鼓励。在充满欢声笑语的音乐盛宴中，我逐渐掌握了打鼓的窍门，孩子们为我的进步欢呼，那一刻成就感油然而生。

当天，米娜还展示了一张由她和学生们共同制作的专业水准的CD，令我印象深刻。她解释说，6年级的学生每周有额外的音乐课，因为几年前学生们选择了将音乐作为重点学习内容。这种安排我在芬兰其他几所公立学校也见过。

尽管米娜的班级有专门的音乐课程，但在赫尔辛基我所在的学校里，我也在“普通”教室中观察到了类似的情况。我们有一个大型音乐教室存放大多数乐器，但我注意到芬兰同事们有时会把乐器带进他们的教室。偶尔，我会听到隔壁6年级教室传来低音鼓的节奏声。

近年来，美国许多学校削减了艺术课程，导致一些学生失去了接受音乐教育的机会。然而，芬兰的情况不同。在我第一年在赫尔辛基任教时，我惊讶地发现5年级学生每周的数学课和音乐课时间相同，均为3小时。最初，我觉得给一个“特殊”科目如此多的时间有些不可思议，但随着时间推移，我发现了音乐训练与学业成功之间的联系。研究表明，音乐教育不仅有助于学生的认知发展，还能提升学术表现。

例如，在2014年的一项研究涉及数百名来自低收入家庭的孩子，结果显示音乐课程能够帮助这些孩子提高读写能力和语言技能。西北大学的研究员兼神经生物学家尼娜·克劳斯（Nina Kraus）在美国心理学会（APA）第122届年会上讨论了这种关联性，她指出：“研究表明，贫困环境中长大的孩子的大脑存在差异，这会影响他们的学习能力……虽然富裕家庭的孩子在学校的表现优于低收入家庭的孩子，但我们发现音乐训练可以改变神经系统，使其成为更好的学习者，并有助于弥补这种学业差距。”

研究人员进一步得出结论，音乐课程似乎能增强神经系统在嘈杂环境中的处理能力，如学校操场。由于大脑功能的这种改善，孩子们可能会在课堂上表现出更好的记忆力和更强的专注力，从而更好地交流。尽管芬兰的课堂从增加音乐课程中受益匪浅，但即便学校不再开设正式的音乐课，教师们也可以采取措施将音乐融入日常教学中。例如，搬进一套架子鼓或十几把古典吉他固然有趣，但我认为没有必要如此大费周章，要知道这并非唯一途径。如果课程大纲没有要求，教师很难为专注于音乐教学找到正当理由。在我看来，更重要的是找到适合师生的方式，将音乐融入课堂，把音乐与学术教学相结合。

我这里有一个现成的例子，你可以考虑借鉴一下。在教授赫尔辛基5年级学生英语语言艺术和科学课程时，我试图将嘻哈音乐融入课堂。我通过视频网站，筛选出歌词内容与教学目标契合的有趣的嘻哈音乐作品。我和我的学生一起唱歌、押韵并打着节拍，这种沉浸式体验不仅显著提升了课堂参与度，要知道这不仅是一种有趣的参与方式，更印证了克劳斯的研究成果——音乐元素的融入帮助学生建立了更强大的神经连接，特别是在语言认知与韵律感知方面展现出显著优势。

安妮·玛丽·奥雷斯科维奇（Anne Marie Oreskovich）是一位音乐家、数学学者，也是“数学音乐思维”（Mathematical Music Thinking）的创始人，她认为将音乐融入数学课程能够提升学术学习效果。对于年幼的孩子，她建议进行简单的练习，播放节奏感强的欢快音乐，让孩子们用诸如勺子之类的简单物品打着节拍（同时进行正向数数或者逆向数数）。这项活动能够增强孩子们的模式识别能力，帮助其理解数字的结构和顺序。对于年龄稍大的孩子，奥雷斯科维奇建议让他们制作数字串，并将其描绘成和弦。“音乐分解为数学，数学分解为音乐”，奥雷斯科维奇说道。这种学科融合策略打破了传统教学的边界，使抽象概念获得具象表达。

在我高中时的一堂课上，我的一位英语老师用便携式音箱播放了布鲁斯·斯普林斯汀（Bruce Springsteen）的一首歌，老师让我们对歌词进行文本分析，我们的文学鉴赏力得以激活，这段经历让我记忆犹新。老师的这一小小努力使课堂变得格外有趣且引人入胜，音乐元素为这项作业注入了活力。

更值得关注的是，音乐还能作为“润滑剂”，有效协助低龄学生完成不同教学环节的思维转换。在小学阶段，我听说有些教师用音乐帮助学生从一项活动过渡到另一项活动。此外，我还遇到过一些美国公立学校的教育工作者，他们用音乐教小学生基础知识，比如各大洲的名字。在马萨诸塞州的一所小学，我教了几个月的计算机课，记得曾听到学生们和老师唱过不同版本的《大洲之歌》。当我在计算机实验室教学生使用地图软件时，学生们自发地唱起了改编版的《三只小盲鼠》，音乐的记忆强化功能得到生动诠释。后来，当我成为一名班主任时，受到这种创意的启发，我也用同样的方法教1年级和2年级的学生，亲眼见证低龄学生通过音乐进行趣味学习，这对他们来说是一种行之有效的学习知识的方式。

这些实践经验都告诉我们，音乐教学的精髓不在于器材的完备或教师的专业素养，而在于创造性的融合设计。即使我们不擅长音乐，也不必回避这种策略。从即兴节奏游戏到系统的课程整合，教师完全可以根据实际教学场景，探索适合师生特质的个性化方案。当音乐元素自然渗透于知识传授过程时，不仅营造了愉悦的学习氛围，而且最终能让我们都体会到将音乐融入课堂的乐趣和学术益处。

策略 25

设计学习目标，在实践中引导更多

在赫尔辛基学校的木工教室中，我首先注意到一块小木牌，上面刻着“在实践中学习”。每次进入该教室，我都能清晰地看到这一理念被付诸实践。学生们全神贯注于他们认为有趣且具有挑战性的个人项目之中，忙得不亦乐乎。我发现我的同事，也就是木工教师，通常在教室里巡视，以教练的身份与学生交流、互动并提供具体反馈。

在家庭经济课教室和纺织课教室里我也看到了同样的情景，学生们经常通过缝纫和编织等活动进行实践。我相信，这些芬兰教育者多年来一直秉持“在实践中学习”的教学理念，这种信念深刻影响了他们的教学方式。他们将课堂中的大部分时间用于指导学生，扮演教练的角色，从而帮助学生更好地掌握知识与技能。

许多成年人从自身经验中认识到，掌握某项技能的最佳途径在于在“现实世界”的真实环境中实践。然而，传统意义上的课堂教学往往未能体现这一点。在学校中，学生通常通过观看视频、阅读非虚构类文本以及完成练习来学习科学知识，而非像真正的科学家那样设计并实施实验。通过引入“教练式”教学方法，可以将学习过程的主导权交还给学生，使他们成为学习的核心主体。我认为，教师无需局限于教授特定学科（如木工或家政），即可有效运用“在实践中学习”/“做中学”的理念。关键在于思维的转变以及随之而来的教学方法调整。

在回顾于波士顿地区度过的第一年教学岁月时，我忆起一句来自导师的箴言，它至今仍在我心中回响：“亲身实践者，方为真学习者。”这句话让我满心羞愧。回想当时，我常常滔滔不绝地讲解课程，哪怕是在与1年级学生席地而坐的地毯上也不例外。一个下午，我向一位经验丰富的同事感慨：“今年我收获颇丰。”她回应道：“的确如此，但你的学生们究竟学到了多少？”这句话如同一记警钟，让我瞬间清醒。我清楚地意识到，学生们整日坐在地毯上聆听教诲，实际上并未真正学到多少知识。

为改变这一状况，我决定摒弃传统的“讲台上的圣人”模式，转而尝试新的教学方法。最初，我从美国课堂开始实践，随后将其应用到芬兰课堂中，旨在让学生更多地参与学习活动。我在前文提到，我曾带一块秒表进课堂，以控制我的微型课程的时间长度。仅仅几天后，我发现较短的课程不仅更加高效，而且我的学生们在课程结束后有了更多的时间通过实践来学习。

尽管我对这一教学方式的转变感到满意，但在来到芬兰后，我意识到这还不够。芬兰的同事们，尤其是那些教授木工、家政和纺织课程的教师，向我展示了如何进一步为学生提供更多实践学习的机会。在第3章中，我详细描述了自己在赫尔辛基教授英语语言艺术时所做出的重大调整。我让学生在大部分课程中像真正的作家一样工作，而我则以编辑或教练的身份为他们提供支持。在讨论策略16“留白体验”时，我提到这一做法如何帮助学生培养自主性。如今，我正在研究这种转变以及其他类似实践如何对学生掌握知识起到促进作用。

在赫尔辛基，让学生在语言艺术课上花更多时间像作家一样写作是一个良好的开端，但仅凭这一点仍显不足。我的同事耶雷·林纳宁指出，学生往往需要额外的“推动力”才能取得进步；否则，他们可能会停滞不前。在我看来，这种“推动力”主要体现在给予高质量的反馈上。

在教育领域，真正有价值的反馈绝非简单的物质奖励或空洞的赞美，诸如分发小贴纸、高声表扬“干得好！”这类行为，而是应当给予学生具体、诚恳且富有建设性的指导意见。通过撰写博客、文章以及出版书籍，我深刻领悟到优质反馈的不可或缺性。在我的职业生涯中，专业编辑们鲜少对我提交的稿件进行过度的赞扬，而是将精力集中在精准定位作品中的不足之处，并提出切实可行的改进意见。起初，我对这种反馈方式颇感不悦，心生埋怨：写作教练的首要职责不就是给予鼓励和肯定吗？然而，随着时间的推移，我逐渐领悟并完全接纳了这一方法。编辑们限制泛泛的赞美，反而能够更加有效地突出那些具体、诚恳且具有建设性的反馈意见。如今，即便从编辑那里仅获得寥寥几句的积极反馈，我也不会再感到失落或沮丧。因为我深知，我的“导师”与我怀揣着共同的目标：我们携手共进，致力于创作出高质量的作品。我坚信，在课堂上培育学生形成这种对待反馈的正确态度，将极大地有助于他们更高效地学习，更稳健地成长。

我发现，提高的最佳途径在于解决薄弱环节，而这正是教练发挥关键作用的地方。优秀的教练能够识别出学习者尚未发展的领域，并通过示范和提供高质量的反馈作为主要指导手段，为学习者提供充分的支持。在课堂上，表扬固然有其地位，但我认为，对于熟练的教师来说，他们无需刻意将表扬融入课堂，因为这通常是他们在教学过程中自然而然会做的事情。

如果你像我一样，希望成为一名高效的教练，那么你的课程结构必须适应这一角色。我们需要一个能促进实践学习的框架，并提供大量高质量反馈的机会。对我来说，这种结构被称为“工作坊模式”。尽管我见过这种模式的不同变体，但它主要由3个部分组成：介绍当天目标的微型课程、让学生开展积极的自主学习，以及以小组为单位对学生们在实现特定目标方面的进展的反思。（我的前同事葆拉·哈武曾告诉我，在她的教师培训项目中，这被宣传为理想的课程结构。）

我在波士顿地区担任小学教师时首次听说了这种模式，并开始在我的课堂上实施。现在回想起来，我并不总是能充分利用这种方法，因为有时我会在微型课程和反思上花费过多时间，导致学生缺乏足够的时间进行自主学习。给孩子们充足的时间去完成独立工作，可以为教师提供更多的机会给予有效的反馈。

为了引导学生的工作并确保教师反馈的有效性，我们的课堂需要设定明确且可实现的目标。我发现作为教师，我们能做的最有效的事情之一是通过日常教学融入学习目标，以帮助学生保持对掌握知识的关注。教育工作者康妮·莫斯（Connie Moss）和苏珊·布鲁克哈特（Susan Brookhart）对学习目标的定义如下：

> 学习目标并非教学目标。两者在设计和目的上有所不同。顾名思义，教学目标是指导教学的，我们从教师的角度来撰写，目的是统一一系列相关课程或整个单元的教学成果。而学习目标则

是指导学习的，它们用学生能理解的语言描述了学生将要深入掌握的知识、技能和推理过程。我们从学生的角度来撰写学习目标，并在整个课程中与学生分享，以便学生能够用这些目标来指导自己的学习。

在我的教学实践中，我发现工作坊模式与目标导向型教学法存在契合性。这两者结合起来非常顺畅，它强调学生通过实践来学习，使教师能够像教练一样进行指导。那么，如何制定有效的学习目标呢？根据莫斯和布鲁克哈特的观点，这一过程始于教师选择一个标准，并将其具体化为一堂课或一系列课程的目标，以明确教师希望学生在课堂上达成的具体成果。

接下来，教师需要解构课程标准，将其转化为具体的可观测的课时目标。然后教师需要重新表述目标，让学生知道自己应该朝着哪个目标方向去努力。莫斯和布鲁克哈特建议教育工作者在设计学习目标时遵循几个关键步骤。在我看来，其中最关键的一步是根据课程的教学目标确定“理解的表现”。在这一步中，教师需要思考学生可以通过哪些具体行为来证明他们已经实现了课程或一系列课程的教学目标。

在他们的著作《学习目标》中，莫斯和布鲁克哈特提供了一个6年级数学教师教授变异性的例子。这位教师设定了以下教学目标：“学生将解释随机因素如何导致一组数据的变异性”，以及“学生将使用图表表示变异性”。基于这些目标，教师为学生制定了学习目标：“能够从我们制作的关于饼干中巧克力豆数量的图表中识别出模式，并能够解释是什么造成了这种模式。”因此，这位教师在设计课程的学习目标时，始终以“理解的表现”为核心。

根据我的经验，学生要在课堂上达成学习目标，需要清楚地了解成功的标准。虽然直接告诉学生成功标准（这种方式更快捷），但研究表明，当学生通过研究范例自行“发现”或识别关键要素时，他们能产出更高质量的作品。（从某种意义上来说，这可以视为一种自由的自主学习法。）

以下是两个高中教学的场景，改编自莫斯和布鲁克哈特的一个例子。在一个场景中，一位英语教师告诉学生，他们将学习如何为说服性演讲撰写有效的论点陈述。他分发了一份标准清单，然后宣布接下来学生有30分钟时间练习撰写有力的论点陈述。“祝你们好运！”他说。

在第二个场景中，另一位英语教师带来了一组质量参差不齐的论点陈述样本；有些看起来仓促写成且难以理解，而另一些则精心构思且措辞优美。（这些样本来自不同来源，采用经过引用、教师自创或是以前的课堂留存下来的教学实录。）这位教师开始上课时说，他们将学习如何撰写有效的论点陈述。但她没有直接分发成功标准并让学生自由练习，而是指着白板上的一个问题问：“说服性演讲中有力论点陈述的关键要素是什么？”

她将班级分成若干小组，并给每个小组分发不同论点陈述的复印件。各小组有5分钟时间研究这些样本，并思考白板上的问题。随后，教师召集大家，问道：“那么，一篇有力的演讲论点包含哪些要素？”此时，教师已经明确了几个关键标准，这些标准是在课前就确定好的，但她希望通过让学生“发现”这些要素来增强他们的自主学习能力。如果学生在识别最重要组成部分时遇到困难，教师可以在讨论过程中给予引导。

经过简短的讨论，学生们确定了有力论点陈述的最重要元素。在明确了成功标准并以适当的学习目标为指导的情况下，学生们准备进行良好的练习，以掌握撰写有力论点陈述这一技能——而这位教师也准备好对他们进行有效的指导。

正如莫斯和布鲁克哈特所指出的："从学生的角度来看，学习目标决定了他们是被动遵从教师的要求，还是主动追求自己的学习。追求自己学习的学生表现出更高的积极性，学到更多知识，并发展出更强的元认知技能。"

26 策略

运用创新方式与批判性思维证明学习结果

芬兰教育以其相对较少的标准化考试而闻名，但这一特点常被误解为芬兰教师不进行测试。根据我的观察，实际情况并非如此。例如，在小学阶段，我发现芬兰教育工作者提供的总结性评估比美国学校更为频繁。我认为这一现象源于芬兰传统的评分制度：学生在每学期结束时会收到每个科目的数字评分，评分范围从最低的4分到最高的10分。这种传统的评分制度给芬兰教师带来了压力，要求教师通过平均多次测试成绩来得出合理的最终分数。

尽管如此，芬兰的考试和评分方式似乎正在发生变化。2016年秋季实施的芬兰最新国家核心课程标准弱化了对小学儿童的数字评分，允许学校在评分周期结束时提供叙述性反馈。如今，芬兰学校更加注重形成性评价。虽然我反对传统的评分制度（因为它可能使学生过于关注分数，为了分数而学习，忽视学习的乐趣），但我支持让学生通过具体的方式证明他们的学习成果，因为这有助于培养他们的精通度和掌控能力。在我所在的赫尔辛基学校，我注意到芬兰同事经常自行设计总结性评估。他们可能会参考学校商业课程提供的单元测试内容，但很少直接使用现成的试卷（这是我之前在美国的习惯做法）。

芬兰教师自行设计测试显然是为了使评估更贴近课堂内容，从而更好地反映学生的学习成果。此外，我还注意到一个重要的原则：我的教学导师首次向我介绍了“perustella”这一芬兰词汇，意为“证据”。她经常要求学生在回答问题时提供证据，以展示他们的理解。经过讨论，我们一致认为这个词可以翻译为“证明或论证”。在我的教学导师的测试中，她经常要求学生通过提供具体的证据来展示他们的学习成果。当我研究同事们自行设计的测试时，发现这一理念在许多评估中得到了广泛应用。这种做法可能有助于芬兰学生在PISA中的优异表现，该项目要求15岁的学生具备批判性和创造性思维能力。

“证明或论证”这一概念在芬兰高中毕业考试中体现得尤为明显。芬兰高中学生修完必修课程后，可参加由毕业考试委员会组织、在芬兰高中同步进行的国家级毕业考试。高中毕业前，学生需通过至少4门考试，其中母语（芬兰语、瑞典语或萨米语）能力评估是必考项。

帕西·萨尔伯格在《芬兰课程2.0》中指出，芬兰毕业考试的特色在于其考试内容旨在测试学生应对意外任务的能力，鼓励学生探讨跨学科话题，这与加利福尼亚高中毕业考试等传统标准化测试形成鲜明对比。芬兰考试鼓励学生探讨具有争议性的话题，如进化、失业、饮食、政治、暴力、战争、体育道德、垃圾食品、性、毒品和流行音乐等，这些问题跨越学科界限，常需学生具备跨学科知识与技能。

以下是萨尔伯格提供的一些毕业考试问题样本：

- 母语能力评估：媒体竞相争夺观众，将引发何种社会效应？
- 哲学与伦理学：幸福、美好生活和福祉在何种意义上是伦理概念？
- 健康教育：芬兰膳食指南的科学依据与社会效益有什么关系？

✣ ✣ ✣

在赫尔辛基，得益于芬兰同事的启迪，我着手设计单元总结性评估方案，这些评估将具开放性且富有挑战性的问题置于核心位置，旨在促使学生凭借创造性与批判性思维来证实他们的学习成果。针对此类问题的回答，我会依据学生提供的证据、展现出的知识以及对特定内容范畴的理解程度予以评分。

当我对评估的设计方式做出改变之后，我察觉到其能够更为精准地判别学生在某一单元结束时对特定学科内容的掌握情况。这是因为我班上的学生必须通过具体的论证来展示他们的学习成果，而过去我的总结性测试中的问题往往过于简单和狭隘，无法充分反映学生的掌握情况。此外，这种芬兰式的评估方法使得学生在测试中能够展现的不只是基本的理解层次，而是更具深度的知识运用能力。

尽管这些总结性评估对学生来说颇具挑战性，但我发现许多学生在回答这些问题时表现出明显的自豪感。在此之前，我极少目睹学生在回答测试题时流露出积极健康的自豪感。以下是我在6年级不同科目中设计的一些问题示例：

- 物理：阐释“接地”的运作原理，并提及“避雷针”这一术语。

请用语句表述并绘制一个带有标注的图示来支撑你的解释。

- 地理：植被带和气候带有何区别？请用文字解释，绘制一个带有标注的图示来支撑你的解释。
- 历史：为什么人们会迁徙到芬兰？请详细阐释你的观点。
- 道德与伦理学：在第一次道德考试中，你写了一个你可能在生活中面临的“道德困境”。现在，请选择一个“民主困境”进行讨论。这可以是现实世界中的冲突，也可以是想象中的情境，不一定非得是你生活中可能面临的问题。它可以是你从新闻中了解到的事情，也可以是你凭想象编造的情境。请提供一个具体的“民主困境”的例子，并用句子解释为什么它是“民主困境”。
- 化学：假设有人让你确定牙膏是酸性的还是碱性的。以科学家的思维方式思考，你会采取哪些步骤？

如果教师们希望进一步促进学生在课堂上的知识掌握，我认为我们应该借鉴芬兰教育工作者在自行设计测试时的做法：要求学生为他们对于难题、开放性问题的答案进行论证。这种让学生证明自己所学的策略不仅可以在制作总结性评估时使用，还可以应用于日常教学中，如课堂讨论、小组工作以及形成性评估。

27 策略

讨论分数

当我首次踏入万塔市马丁拉克索高中的佩卡·佩乌拉（Pekka Peura）老师的教室时，我对即将观察到的教学方式尚无明确预期。我了解到这位金发及耳的高中数学教师已不再采用传统考试形式进行评估。他的10年级学生以小组形式分散在教室中，表现得非常放松。

那天早晨，我并未察觉佩卡是否进行了简短授课。在向我们几位访客简单介绍后，他便让学生自主学习，而学生们显然对接下来的任务了然于胸。整堂课上，几乎所有学生都打开笔记本和数学教材，专注于掌握不同领域的数学知识。佩卡则在教室中不断巡视，并不时停下来与学生交流。

我向一名10年级学生询问佩卡的这套教学法。大家如何明确自己的学习任务？该学生向我展示了一本参考指南，其中列出了基于课程大纲的数学概念。这些概念按照从基础到高级的顺序排列，每个类别下还附有一系列练习题。此外，我还发现了一份评分标准，明确了学生在达到某一层次的数学概念掌握水平后可获得的分数等级。

在教室后排，我发现两名戴着棒球帽的男孩正在电脑前操作。我坐在他们身后的空椅上，注意到他们正在视频网站上看一个视频。然而，这个视频并非与数学相关，而是一场终极格斗俱乐部的比赛。他们并未试图对我隐瞒这一行为，这让我略感惊讶。于是我询问其中一名男孩关于这种自由度的看法。他解释道，佩卡信任学生完成自己需要完成的任务。当时，这名十几岁的男孩表示他并不想做数学题，而是更倾向于浏览视频网站。未完成的课堂任务可以留待回家完成。

在佩卡的数学课堂中，传统意义上的家庭作业已被取消。理论上，一名学生在整个7周的学习周期内完全不做额外练习是可能的。然而，这种选择会带来自然后果：学生用于解决问题的时间将显著减少，从而影响其从基础概念到高级概念的逐步掌握进程。

过去7年中，佩卡开发了一套以学生自我评估为核心的教学体系。大约每6—7周（芬兰高中一个学期的标准时长），他会与每位学生进行一次简短的个别会议（通常持续5—10分钟），共同商定最终成绩。通常情况下，学生会首先提出一个自评分数，据佩卡观察，这往往能准确反映学生的进步情况。佩卡认为，相较于传统的通过平均考试成绩评定成绩的方法，这种方法同样具备准确性。

作为一名教育工作者，我最为欣赏的是佩卡赋予学生在评估与评分这两个传统上由教师主导的领域中的更多自主权。我在前文探讨了，证明学习成果的策略重点在于评估；而这部分我则聚焦于评分主题及与学生讨论成绩这一强有力的实践方法。

❖❖❖

在我任教的芬兰公立学校中，我曾多次听到同事在学期末公布成绩单前与学生私下沟通成绩的情况。这类交流通常简短明了：教师会告知计划给予的分数，随后学生有机会作出回应。我认为这是一种极为尊重学生的方式。不仅促进了师生之间的清晰沟通与良好关系，还鼓励学生反思自身的学习过程。

反思学习的过程应在成绩报告单发放之前即在课堂中开展，但我认为我在芬兰观察到的这一简单做法——向学生传达成绩并邀请其反馈——具有重要意义。我发现，在一个评分周期结束时，大多数学生——即便那些看似对反思缺乏兴趣的学生——也愿意退一步审视自己的学习进展。尽管成绩在我们教师看来有时显得主观随意，但对学生而言却意义重大。因此，成绩报告季为帮助学生反思学习提供了绝佳机会。

我一直对评分持保留态度。具体而言，我常感到评分可能削弱我努力营造的那种充满乐趣的学习氛围。一个重要问题是，许多学生似乎将自己的自尊心与所获成绩紧密挂钩：高分意味着聪明，低分则代表愚笨。作为成年人，我们知道这种观念荒谬且不合理——成绩绝不应定义一个人的价值。然而，评分对于许多教师而言仍是一个无法回避的问题。我承认，在我的课堂教学实践中，即便目睹了芬兰同事的良好示范，我仍时常处理不当。由于与赫尔辛基学生讨论成绩时感到不适，我很少主动发起此类对话。我仅负责打分、打印成绩单并发放给学生，同时希望他们不会对最终分数过于失望。

我开始思考，自己在美国公立学校与私立学校的求学经历是否对作为教师的我如何看待评分产生了深远影响。回顾在美国的求学岁月，我未曾记得有哪位教师花哪怕一分钟单独与我讨论成绩。尽管安排此类交流（例如在课堂独立学习时间）并不困难，但我不记得有任何类似经历。然而，我确实记得与父母讨论成绩的情景。如今回想起来，这种方式虽有一定价值，但仍显不足。如果当时能够与教师进行简短交流，我相信自己会从中受益匪浅。

在未来，我希望自己在与学生讨论成绩方面做得更好。佩卡·佩乌拉及其他芬兰教师向我展示了这项实践的重要性，即便它可能让人感到不自在。通过个别交流，我们可以帮助学生更深入地理解自己的成绩，并增强其对成绩的掌控感。这一策略不仅有助于学生反思自身学习，还能最终支持他们在课堂中追求更高水平的学术精通。

❖33个策略执行情况❖

策略 1：____________________

策略 2：____________________

策略 3：____________________

策略 4：____________________

策略 5：____________________

策略 6：____________________

策略 7：____________________

策略 8：____________________

策略 9：____________________

策略 10：____________________

策略 11：____________________

策略 12：____________________

策略 13：____________________

策略 14：____________________

策略 15：____________________

策略 16：____________________

策略 17：____________________

策略 18：____________________

策略 19：____________________

策略 20：____________________

策略 21：____________________

策略 22：____________________

策略 23：____________________

策略 24：____________________

策略 25：____________________

策略 26：____________________

策略 27：____________________

策略 28：____________________

策略 29：____________________

策略 30：____________________

策略 31：____________________

策略 32：____________________

策略 33：____________________

第五章

心态与思维模式

尽管在美国教书面临诸多典型挑战，比如学校上课时间相对较长，各州的教学标准通常具有强制性，标准化考试（以及其他要求）也带来巨大压力，但我还是遇到了许多对教育充满热情的美国教师。他们不仅将教书视为一份职业，更将其视为一种使命。

诚然，在美国教书令我最怀念的，是那一群志同道合、对教学充满热情的教师群体。在我的经历中，美国教育工作者热衷于自身专业发展的现象十分普遍，每年他们都会自掏腰包、利用业余时间投入大量精力用于专业学习，以提升自身的教学能力。这一现象与我在芬兰所观察到的情况形成鲜明对比。

在芬兰走访不同学校的过程中，我见到了许多能干且勤奋的教师，他们在解决专业问题方面表现出极高的智慧。然而，我尚未观察到大量芬兰教育工作者主动自愿地采取措施，以显著提升自身作为从业者的水平，无论是通过阅读自选的专业文献、参加暑期研修班还是在课堂上实施新的教学法。在芬兰，我觉得自己可能发现了文化差异，这种差异并不仅限于教师职业。多年来，我与不同专业领域的许多芬兰人交谈过，他们似乎信奉“工作是为了生活”而非“生活是为了工作”的理念。这些人对自己的工作似乎感到满意，但在闲暇时间，他们似乎更愿意追求自己的爱好，而不是在职业发展上投入大量精力。

虽然我见过许多充满热情的美国教师，他们带着强烈的使命感投身于教学工作，但我确实对他们践行使命的方式感到好奇。在本书中，我们已经探讨了幸福的4个不同要素：幸福感、归属感、自主性和精通度。但第5个要素，即心态与思维模式，或许是营造快乐课堂最为关键的。

根据幸福研究专家拉杰·拉古纳坦的观点，人们对待生活的世界观主要分为两种。“一种是稀缺心态，即认为自己的成功必然建立在他人的失败之上，这会导致人们陷入社会比较的陷阱，”他在2016年接受《大西洋月刊》乔·平斯克的采访时说道，“另一种观点则是富足心态，即相信每个人都有成长的空间。”这位研究者指出，孩子是采取富足心态的典范，因为“外在标准”无法让他们分心。拉古纳坦在采访中表示，孩子们追求的是能给他们带来大量快乐的事物。

在芬兰，我遇到过很多似乎秉承这种富足心态的教师。他们似乎并不在意与其他教师的比较，这种态度为他们的工作注入了更多的乐趣。这种心态最明显的体现之一便是我在芬兰学校中观察到的广泛合作现象。即便有15分钟的课间休息和较短的上学时间，如果芬兰教师将彼此视为竞争对手，我怀疑他们是否还能如此频繁地开展合作。

相比之下，在美国，稀缺心态可能是教育工作者中常见的态度。例如，我已经记不清有多少次听到“大师级教师”这个词被用来形容美国的教育工作者了。我常常思索，这种称呼的使用是不是更多地在彰显一个人的优越性，而非单纯描述其教学能力。芬兰肯定也有“大师级教师”，但从未有人公开以这种方式称呼他们。

虽然社交媒体应用程序可能不是最好的衡量标准，但我很惊讶地发现，有多少次看到美国教育工作者精心编写自己的个人简介，似乎重点在于他们的荣誉而非他们的热情。此外，“微证书[1]”制度在美国教师中似乎越来越受欢迎，个人通过展示对教学特定方面的精通而获得数字徽章，可以在社交媒体账户的页面上展示。虽然这种微证书制度看似是对教师优势的一种认可方式，但我担心它可能演变为另一种形式的职业炫耀。

这些细微的现象表明，许多美国教师在工作中可能采取了一种稀缺心态。如果这一假设成立，那么这种心态可能会对教育产生负面影响。拉古纳坦的研究指出，这是一种重大问题：“实现幸福与充实生活的关键在于摆脱稀缺心态，转向富足心态。”为了增加课堂中的快乐氛围，我们教师需要培养一种富足心态。这并不意味着要抛弃我们强烈的使命感，而是需要转变观点，不再将竞争作为目标，不再追求超越他人，而是专注于成为最好的自己，不管其他教育工作者进展如何。

本章涵盖了6种在教学中培养富足世界观的策略，所有这些策略均受芬兰教育工作者工作方式的启发，旨在引导我们在教学中培养富足的世界观：追求心流状态、增强心理韧性、咖啡时光中的漫谈与合作、欢迎专家参与、充分利用假期放松身心以及别忽视快乐的重要性。

[1] 一种证明个人在某个领域或技能方面已经达到一定水平的证书。通常是通过在线课程、培训或项目完成来获得的。——译者注

28 策略

追求心流状态

在波士顿地区，我曾与一位年轻教师共事，她习惯将教室外走廊的墙面装饰成学生作品展示区。尽管该区域并未设置正式的布告栏，但这并未阻碍她的行动。她通常会用十几张学生的作业纸覆盖墙面。每当经过她的教室时，我心中常会涌起一丝嫉妒之情。相比之下，我的教室布告栏位于拐角处，平日里只有少数人经过，而我迫于此情，只能选择性地展示少量经过我“严格筛选”的学生优秀作品。

如今回顾这段经历，虽然听起来有些可笑，但当时的我确实对这位教师产生了嫉妒，甚至还夹杂着怨恨。我逐渐认为，她展示大量学生作品的行为似乎暗示着我对教学工作的投入不足，是个不称职的教师。然而，我当时自视甚高，自以为是地坚信自己才是更优秀的教师，因为我只挑选“高质量”的作品进行展示。

从现在的角度来看，我清晰地认识到，这种不安全感极大地削弱了我在教学中的乐趣。我将源于嫉妒和怨恨的负面情绪带入课堂，并不断给自己施加压力，试图在同事面前证明自己的优越性。这种心态让我无法专注于享受教学工作，反而被追求优越感这一令人精疲力竭的目标所困扰。幸福研究专家拉杰·拉古纳坦指出，优越感虽然具有吸引力，但其带来的回报并不一定值得追求。研究表明，地位较高的人往往拥有更强的自尊心和更高的自主感，这表明优越感可能提升幸福感。然而，拉古纳坦认为，过分追求优越感往往会降低个人的快乐水平。相较之下，追求一种被称为“心流”的心理状态更为明智。

那么，什么是心流？积极心理学家米哈里·契克森米哈赖（Mihaly Csikszentmihalyi），作为心流理论的权威代表，对此进行了如下描述：全身心投入到一项活动中，只为活动本身的价值。在这种状态下，自我意识逐渐消失，时间感知变得模糊，每一个动作、每一个行为和每一个想法都自然流畅地衔接，如同即兴演奏爵士乐一般。整个身心完全沉浸其中，技能得以充分发挥。作为一名教师，我深刻体会到这种心理状态所带来的愉悦感。在这种状态下，我能够与学生共同参与富有挑战性和趣味性的学习任务，感受到专注与满足。研究表明，心流不仅带来愉悦的情感体验，还能显著提升表现并促进技能发展。换句话说，在高效追求精通目标的过程中，个体能够同时体验到积极的情绪。契克森米哈赖提出，达到心流状态需要满足若干条件。例如，个体需从事一项内在激励性强、目标明确、具有挑战性且可行的任务。

此外，当我们全神贯注于目标时，心流体验更容易产生。回想那些我认为自己发挥最佳水平的教学时刻，往往是当我能够完全专注于当前任务而不受干扰的时候。例如，在写作工作坊中，当学生们独立完成任务且无需打扰时，我可以全身心投入到与个别学生的深入交流中。为了实现这一状态，我通常需要引导学生以专注的方式工作，从而为自身创造一个无干扰、能够全情投入的教学环境。正如许多资深教师所知，一个能让学生独立完成高质量工作的课堂环境并非凭空出现，而是需要精心设计和培养。

若要帮助全体学生进入心流状态，减少显性干扰因素（如手机使用和闲聊）至关重要。与学生共同制定简短明确的规则清单，有助于营造更加专注的学习氛围。然而，我发现需要消除的最大干扰之一是隐藏的竞争文化。在波士顿地区的工作经历中，过度关注成为“更卓越”的教师使我分心，无法专注于提升教学质量。我浪费了宝贵的时间和精力去证明自己的价值，而非追求真正的成长。如今，我已逐渐转向一种更加富足的心态，不再执着于与他人比较。

在芬兰，我遇到了许多教师，他们似乎并不热衷于追求优越感。相反，他们对自己的专业能力感到满意，并以非竞争的态度开展合作，这种心态似乎有助于他们在日常工作中更频繁地进入心流状态。

作为教师，追求心流而非优越感不仅对我们自身有益，也对学生的发展大有裨益。我们的学生始终在观察我们的一言一行。如果他们看到我们专注于做好本职工作，而不将注意力放在与他人比较上，我相信这种榜样作用将有助于在课堂中营造一种非竞争的文化氛围。我们希望学生能够经常体验到心流带来的愉悦感，而减少竞争这一主要干扰因素则是实现这一目标的关键所在。正如教学中的许多变革一样，这种积极的变化始于我们自身的转变。

策略 29

增强心理韧性

在赫尔辛基教书的两年里，我很感激有一位卓越导师，她总是愿意和我见面交流，即便是在意料之外的情况下也是如此。有一次，我们在秋季开学不久就举办了一次家长会，我在走廊里被家长们团团围住。我的导师站在一旁默默观察着，直到最后一位家长挥手道别，她才开口，她的话让我大吃一惊：她当着我的面质疑我是不是对家长太迁就了。

起初我有点儿生气，对她的评价感到些许不满。我一直以能和家长沟通良好为傲，并不认为自己当晚有任何不当之处。我不记得当时在走廊里和家长们说了什么，但我的导师说，我似乎过于急切地迎合他们的期望。她解释道，在芬兰教育体系中，教师通常会向家长传达这样的信息："您是家庭领域的专家，而我是学校教育的专家。"她进一步强调，作为专业人士，我应当以更自信的姿态面对家长，而非一味迎合。她建议我厚起脸皮来，培养更强的心理韧性，如同凯夫拉纤维那样。

导师的直言不讳让我感到惊讶。在这次交流之前，我曾与多位教师谈论过偶尔与家长打交道时遇到的挑战，但从未见过如此坚定的态度。在美国的教学经历中，我发现许多教师对“难缠”的家长表现出明显的畏惧情绪（我过去也有这种感觉）。面对这种情况，最常见的应对方式似乎是要么一味迁就，要么逃避。然而，那晚的对话让我意识到，培养心理韧性对于教师职业发展的重要性。与家长、学生及同事的互动难免充满挑战，容易引发挫败感。一旦陷入气馁，我们的职业幸福感将迅速消退。因此，作为教育工作者，我们需要通过培养韧性来维持课堂的积极氛围。

需要明确的是，心理韧性并不等同于固执己见。我的导师并非建议我忽视他人的反馈，而是鼓励我基于自身专业能力作出判断并保持自信。作为一名专业人士，我应以更加成熟和坚定的态度开展工作。

关于培养学生韧性的研究已广受关注，但针对教师自身韧性发展的探讨却相对较少。然而，我所认识的一些最快乐的教师往往展现出极强的韧性。他们的自信不仅源于个人表现，更植根于对职业价值的深刻理解。即使犯错，他们也能迅速调整心态，继续前行。作为教师，我们迟早会在工作中遇到问题，这是必然的。拥有一副厚脸皮有助于保护教学的乐趣。

在芬兰，我目睹了许多同事在处理与家长、同事甚至学生之间的冲突时展现出的非凡能力。作为教师，我们不可避免地会在职业生涯中遇到各种问题，关键在于如何有效应对。培养心理韧性能够帮助我们在复杂情境中保持职业热情与幸福感。

芬兰文化中，“sisu”一词备受推崇，它象征着一种超越常规的勇气与毅力。这种特质常被视为芬兰民族精神的核心，可译为“坚毅”或“逆境中的勇敢”。正是这种“sisu”精神在我的导师身上得到了充分体现：你是一位专业人士！

在赫尔辛基的教学实践中，我逐渐培养出更强的“sisu”品质。尽管作为一个初来乍到的外国人，面对新环境带来的尖锐反馈，我并非完全免疫，但这些经历促使我不断改进工作方法。同时，我也学会了在必要时坚持自己的立场，不因外界压力轻易妥协。这种心理韧性不仅提升了我的职业效能，也让我能够更好地维护课堂的积极氛围。

具体而言，培养心理韧性意味着在面对挑战时采取更为理性的态度。例如，当收到一封来自愤怒家长的长篇批评邮件时，首先深呼吸，保持冷静，暂缓回应，直至做好充分准备后再进行处理。同样，当校长公开表扬同事而未提及自己类似的努力时，避免陷入消极情绪，而是专注于自身的成长与进步。此外，当学生当面表达不满时，你也要学会视而不见，将其视为正常的职业挑战，而非个人攻击。

作为一名教师，当我感到特别压抑、被职业挑战压得喘不过气时，我会通过记录日记的方式缓解焦虑。通常在睡前留出一段时间，回顾当天发生的事件及其引发的情绪波动。通过识别潜在问题并将其置于合理视角下审视，我能够更好地入睡。我发现，那些来自家长、同事或学生的言语往往是最易引发焦虑的因素。尽管我不是习惯性写日记的人，但这一简单的练习有助于我清晰地梳理思绪，减轻心理负担。通常，我会将页面分为两栏：左侧记录“焦虑”，右侧对应“现实”。然后我会花几分钟时间回忆并写下那天在学校里让我烦恼的事情，写在“焦虑”那一栏。写完之后，我会转到“现实”那一栏，针对每一项焦虑写上一两句话。这一栏帮助我不把那天的烦恼夸大其词。其理念在于，我可以尽可能客观地看待那些焦虑。当我写下现实的句子时，我会试着对第一栏里的烦恼积极思考。我甚至可能会提出第二天在学校可以采取的行动。以下是一个示例：

焦虑	现实
家长发来一封电子邮件批评我们新的生物课程单元。	我们新的教学单元显然与生物课程大纲相契合。明天，我可以给那位家长发一条简短的信息说明这一点。
学生指责我忽视了霸凌现象。	霸凌是个严重的问题，但我还没在我们班上观察到这种情况。早上我会和这个学生谈谈，只是倾听，然后再决定下一步怎么做。

以日记形式记录情绪是一种有效的干预手段，尤其在教师感到沮丧时能够提供帮助。然而，更为持续且有益的实践是培养感恩意识。我发现在教学过程中，无论是顺境还是逆境，公开或私下表达感谢这一简单行为都能为我提供持久的支持与动力。加州大学河滨分校的心理学家索尼娅·柳博米尔斯基（Sonja Lyubomirsky）将“感恩”定义为一种“元策略”，正如拉杰·拉古纳坦所指出的，“感恩能够通过多种途径提升个体的幸福感”。相关研究表明，表达感激之情有助于强化人际关系。

此外，表达感激的行为本身可以有效抑制对优越感的过度追求，这种欲望往往对心理健康产生负面影响。根据拉古纳坦的观点，感恩的核心理念在于“没有人能够仅凭一己之力取得成功”。这一认知促使我们更加关注合作与支持的重要性，从而促进个人及团队的成长与发展。

策略 30

咖啡时光中的漫谈与合作

为撰写本书，我采访了多位芬兰教师，他们来自不同学段和学校。通过这些访谈，我深入了解了他们的课堂实践，并获取了宝贵的专业见解。在每次访谈中，我都会提出两个核心问题："作为教师，什么让你感到快乐？什么能让你的学生感到快乐？"

芬兰教师们提到让自己感到快乐的最常见答案之一是合作。这一结果并不令人意外。以下是我为《颠覆体系：自下而上改变教育》（*Flip the System: Changing Education from the Ground Up*）撰写的一段话：

> 在芬兰，我发现了一种促进教师深度合作的学校结构。在我任教期间，近50%的课程是由我和一两位同事共同完成的。这种合作不仅限于传统意义上的备课与授课，更体现在教学重任的分担以及资源的共享上。例如，教师们会互相协助寻找接下来的授课所需的材料；他们会共同探讨如何更好地支持有特殊需求的学生；他们会一起分析课程内容并改进教学方法；他们还会讨论如

何优化学生的课间活动安排；甚至在批改试卷和技术支持方面，也常常以团队形式完成。令我印象深刻的是，许多合作交流是在日常15分钟的咖啡休息时间中自然发生的。

研究人员安迪·哈格里夫斯（Andy Hargreaves）和丹尼斯·雪莉（Dennis Shirley）同样观察到了芬兰学校的这种合作氛围。他们指出：

> 芬兰教师们习惯于合作，并非仅仅为了完成分配的任务，而是融入到日常工作的方方面面。它不是工作结束后的一种附加活动，也不是临时性的团队协作或对学生成绩数据的解读。相反，合作贯穿于课程设计和具体任务执行的全过程。一位教育部官员表示："当给予教师足够的资源时，他们会找到解决问题的方法。"在芬兰学校中，学校的愿景和目标往往是隐含的，通过日常的合作行为来共享，而非仅仅依赖书面的战略计划。

多年来，我注意到美国教师同样渴望像芬兰同行那样开展高效合作。他们理解合作的重要性，但繁忙的日程安排却成为阻碍。作为一名希望体验合作乐趣与益处的教师，我认为我们应将注意力转向更容易掌控的因素，即转变心态和思维模式。尽管芬兰教师享有较轻松的工作节奏（如频繁的15分钟休息和较短的工作日），但我认为他们频繁合作的核心原因在于，他们并未将合作视为一种奢侈，而是将其视为教学成功的关键。

回顾我在赫尔辛基第一年的经历，尽管我有幸参与了约一半课程的共同教学，但遗憾的是，那一年我几乎没有投入时间进行深入的共同备课。资源教师通常只是短暂进入我的教室提供帮助，随后便离开。当时，我尚未形成在空闲时间主动寻求合作的意识，甚至觉得这种联合工作有些不便或者麻烦。坦率地说，我当时更倾向于独自完成任务。

然而，到了第二年，我逐渐更多地依赖同事的支持。这主要源于秋季的一场个人危机，当时我作为教师感到极度沮丧。幸运的是，几位同事通过合作帮助我走出低谷，使这一年最终取得了显著的成功。我深感他们的支持对我至关重要。

我的心态转变始于一个关键认知：当我更加依赖同事时，我能够成为一名更优秀的教师。基于此，我建议教师们探索一种更为自然、轻松的合作方式——在咖啡时光开展合作，你们可以一边喝咖啡一边交流工作。尽管许多教师（包括我自己）通过社交媒体平台与同行建立了联系并从中受益，但我认为面对面的传统合作形式仍具有不可替代的价值。毕竟，我们的同事是我们每天都能见面的人，而相互支持是一种双向互动的过程——当我们支持他人时，也会收获他人的支持。

过去，我一直认为合作必须是严肃且高度组织化的。在我的脑海中，合作意味着教师们围坐在一起，仔细研究单元计划，直至精疲力竭。然而，在芬兰学校的实践中，我很少经历这种形式的合作。相反，合作往往是自然而然发生的，尤其是在教师休息室中，通过简短而高效的交流实现。

如今，我将学校环境中的合作定义为任何由两人或多人共同完成、旨在提升教学质量与学习效果的行为。例如，即使是2分钟关于如何礼貌回应家长邮件的讨论，或5分钟关于如何满足学习困难学生需求的交流，都可以被视为合作的一部分。

在我看来，合作的核心在于心态。如果你真心相信与他人协同工作能让你成为更好的教师，那么你自然会发现许多简单而有效的方式来进行合作。芬兰教师的合作并非刻意为之，而是其专业思维模式的自然产物。

要实现更高质量的合作，培养“我们”的集体意识固然重要，但与同事保持高频次的沟通同样不可或缺。在本书开头，我曾描述过开学一个月后的一段经历：3位芬兰同事向我表达了担忧，认为我在教师休息室停留的时间不足。其中一位同事告诉我，她每天都会利用休息时间放慢节奏，与同事重新建立联系。当我开始更频繁地访问休息室时，我发现每天花几分钟与同事共处（通常是每日一次），为后续更深层次的合作奠定了基础。

策略 31

构建开放课堂：欢迎专家参与

在赫尔辛基任教期间，我观察到芬兰同事之间存在一种频繁的课堂互动模式。他们经常邀请其他班级的学生进入自己的教室，开展跨学科或主题性的教学活动。这些看似微小的举措却意义深远，不仅为教师和学生带来了愉悦感，还促进了教育资源的共享与合作。

例如，一位物理教师曾邀请我的班级前往中学科学实验室，进行了一堂关于电学基础知识的入门课程。他慷慨地利用了自己的空闲时间来完成这次教学任务。另一次，我在教授pH值相关知识时，希望借助实验室资源。放学后，另一位中学同事主动协助我准备实验材料，并在当天下午简要讲解了化学化合物的相关内容，这为我次日的教学提供了重要支持。

当面对生物单元中涉及性教育的内容时，我感到有些不自在。此时，一位女同事主动提出，在她的教室里为我的女学生组织一场私下的问答环节，而我则负责与男学生进行交流。为了确保活动效果，她提前设计了一个匿名提问箱，让学生能够自由表达疑问。此外，这位同事还邀请我分享在美国的生活经历。当时，她的学生们正在学习预算管理的概念，得知我在波士顿生活的最后一年将三分之一的总收入用于支付医疗保险后，他们表现出极大的惊讶与兴趣。

起初，我对邀请同事进入我的课堂持保留态度，直到目睹这种做法的实际成效。经过两年的教学实践，我逐渐转变了观念。在第二年中，我多次邀请同事参与我的课堂教学，他们投入大量时间帮助学生深入理解课程内容。无论是通过正式授课还是利用课余时间指导，他们的贡献显著提升了教学质量。安排此类活动并不复杂，只需明确表达邀请意愿即可。

随着经验积累，我意识到邀请外部专家参与课堂是一种有效的教学策略。通过这种方式，我可以将自己定位为一名资源整合者，而非单一的知识传授者，通过利用自身之外的人才为我的班级设计出精彩的课程。这种心态上的转变和角色的转换，有效缓解了我的心理压力，因为我不再需要成为一个全能型教师，扮演万事通的角色。同时，这也促使我们重新审视当前教育体系中的“资源稀缺”思维模式。从更宏观的角度来看，鼓励教师间的专业协作有助于培养一种富足导向的世界观。我认为我们需要开始认可并从他人（校内校外）的专业知识中获益。欢迎专家的策略肯定了富足导向的世界观。

具体而言，邀请同事参与课堂是一个理想的切入点。由于大家在同一所学校工作，协调此类活动相对便捷。从我之前提供的例子中，你知道这种合作不必复杂。例如，如果你有某位同事曾去过墨西哥，而你正在教授与该国相关的课程单元，可以邀请此人分享一些她旅行时拍摄的照片和一些有见地的故事；或者，如果你计划引导学生撰写日记，可邀请一位热爱写作的同事，请他到课堂上谈谈写日记的好处，并分享如何开始的建议。这些简单的合作形式不仅能丰富课堂内容，还能激发学生的兴趣与参与度。虽然邀请其他同事走进你的课堂可能看起来是不必要的额外工作，但我认为你会发现这小小的努力是值得的。如果你担心一位同事可能不太愿意，可以先私下询问一下，看看对方是否愿意参与。如果对方表示愿意，你还可以询问对方是否有特定的时间偏好。这样，你就能确保邀请过程顺利进行，同时也能让对方感到被尊重和重视。

尽管邀请同事参与课堂可能被视为额外的工作负担，但从长远来看，这种努力是值得的。为避免占用他人过多时间，建议采用“教师互换”机制：当一位教师在你的课堂上担任专家时，你也可以在那位同事的课堂上担任专家。例如，我的两位芬兰同事曾尝试过这样的角色互换——1年级教师葆拉·哈武与5年级教师交换了授课职责。事后，葆拉回忆起这段经历时充满感慨，认为这种形式对双方都具有重要意义。

邀请其他教师（包括家长等外部专家）进入课堂，向学生传递了一种积极的学习态度，即教师同样可以从他人身上汲取知识。这种开放心态不仅适用于教师，也应延伸至学生群体。正如葆拉所言，赋予学生更多自主权，让他们有机会担任“小老师”，能够显著提升其学习积极性。“孩子们在许多领域都是专家，因此我们应该更多地利用他们的潜力，而不是始终由教师主导课堂。”

回顾过去，我承认自己在来到芬兰之前对“邀请专家”的理解较为狭隘，往往忽略了学校内部潜在的资源。第一年时，我花费大量精力邀请奥运会和残奥会的芬兰代表团参赛选手到校访问，但事后反思发现，若能优先挖掘校内资源，效率将更高。如今，我依然认可邀请校外专家的价值，但建议优先考虑身边的同事及其他相关人员。他们的参与不仅能直接改善课堂教学效果，还能通过你的邀请行为肯定其专业能力，从而实现双赢。

策略 32

充分利用假期放松身心

当我接受赫尔辛基5年级教师职位时，内心充满了喜悦与期待。然而，我也带着些许疑虑，因为我对如何在芬兰有效开展教学工作有着诸多疑问。

我的芬兰校长似乎猜到了我会有很多问题，因为她告诉我，她要去度一个叫做“暑期休假”的假期，直到7月底才会回来。校长的缺席让我略感惊讶，因为在我的经验中，美国的校长通常会在整个夏季保持工作状态。然而，这位芬兰校长非常友善地建议我联系一位芬兰同事以解决我的问题。

随后，我向这位同事发送了一封电子邮件，希望下周能通过电话交流。然后又一件有趣的事发生了：直到7月我才收到她的回复，而且她还很客气地建议假期后再聊，说她要去乡间别墅度假。这一现象逐渐显现出来：看来我的赫尔辛基同事们真的在夏天休假。

起初我对这种做法持怀疑态度。我所敬重的美国教育工作者似乎从不因为学校放假就停止工作。我过去也总是这样。同样，在美国，我常常会在夏天花大量时间参加教学研讨会、阅读专业文献以及进行家访，与家长和学生见面。我喜欢暑假，因为那时我有更多空闲时间做工作。然而，在芬兰，这个在国际媒体上常被描绘为教育水平顶尖的国家，我发现很多教师在暑假的大部分时间里处于“失联”状态。如今，我已经逐渐认识到并欣赏这种芬兰教育从业者的普遍做法。

多年来，我并未将暑假作为优先安排休息和放松的时间。但如今我发现，留出更长的时间恢复精力对我大有裨益，这有助于我为新学年做好准备。据我的观察，芬兰教师在暑假期间很少从事与学校相关的工作。尽管如此，即便在芬兰生活多年后，我仍认为这种完全脱离工作的做法对我来说过于极端。因此，我更倾向于一种折中的方式：既留出一段时间完全脱离工作，也安排一定时间用于专业发展。作为一名教师，我发现夏季是反思教学实践并汲取新灵感的最佳时机，这些灵感可以融入到我的课堂中。

在美国教育工作者中，我发现一个普遍存在的问题是，我们有时会忽视在暑假期间留出足够的休息时间。虽然补觉和阅读有趣的书籍是不错的选择，但芬兰式的策略——合理规划假期时间，同样值得借鉴。正如我之前提到的，我并非主张整个暑假完全不接触教学相关工作，而是建议教师们优先安排专门的休息时间。

在她的《不堪重负》(*Overwhelmed*)一书中，布里吉德·舒尔特(Brigid Schult)描述了一项由哈佛商学院开展的引人注目的研究，该研究似乎支持了留出充足时间休息的重要性：

> [研究人员]比较了波士顿一家咨询公司里的两组员工。一组每周工作50小时或更多，没有用完他们的假期，还总是通过电

子设备与办公室保持联系。另一组每周工作40小时，休满假期，并且合理安排休息时间。为了满足客户的需求，公司安排了下班后的值班时间，但员工也能定期、可预测且毫无愧疚地完全脱离工作。拥有更多休息时间的团队是否能产出更出色的工作成果？结果显示，拥有更多休息时间的团队不仅报告了更高的工作满意度和更好的工作与生活平衡，还显著提升了学习效率、团队沟通质量及工作效率，最终比那些“理想型”同事更具生产力。

其他研究发现，休完整假的员工不仅更有可能留在公司，而且绩效评估也更高，并且员工不仅更具创造力，此外，不再用电子邮件持续“炮轰”员工或者不再将随时随地立即回复信息作为衡量“理想型”员工的指标，关闭不断涌入的电子邮件以及不再需要立即回复的要求，能让人们更专注，压力更小，从而完成更多工作。

我认为，如果经济条件允许，夏季与家人、朋友一起出游，或者独自前往山区一日游、乘船游览、在海滩上放松几天，等等，都是明智之举。话虽如此，我认为并非一定要离开家才能享受假期带来的好处。最重要的是调整我们的心态。换句话说，即使没有离开家，也可以“在心理上去度假”，因为你可以把工作抛在脑后。我知道这一点，因为我过去尝试过所谓的“带薪假期”，并不能让我感到完全的精神焕发。我发现，有帮助的是，当我采用那种夏日假期的心态（我在芬兰经常看到这种心态）时，我会留出几天或几周的时间，不看电子邮件和社交媒体，尤其是在夏天。这让我更积极地锻炼身体，更欣赏大自然，更放松，也更专注于陪伴家人和朋友。

33 策略

别忽视快乐的重要性

在全球范围内，学校教育中优先考虑学生幸福感的趋势正在逐渐兴起。亚历杭德罗·阿德勒（Alejandro Adler）在宾夕法尼亚大学攻读积极心理学博士学位期间，针对不丹的18所学校开展了研究，涉及超过8000名中学生。这些学校分别实施了两种课程：一种是强调包括正念、人际关系和自我意识在内的10项非学术生活技能的“快乐课程”，另一种则是作为对照组的“安慰剂课程”。

研究表明，“快乐课程”显著提升了学生的幸福感，并且对标准化考试成绩产生了积极影响。阿德勒指出：“幸福感与学业成就并非如部分人所认为的那样相互冲突。事实上，幸福感的提升能够促进学业成就的提高。”

2016年，芬兰综合学校引入了最新的核心课程框架，其中明确将“快乐”作为学习理念的核心要素之一。这一举措的意义在于，它符合现有研究的结论——通过关注学生的幸福感，可以有效提升其整体学习体验。

拉杰·拉古纳坦的一项实验进一步验证了这一点。实验中，一组员工连续一周每天收到一封电子邮件，邮件建议他们做出有助于提升幸福感的选择。实验结果显示，相较于未收到此类提醒的对照组，实验组员工在一周结束时报告了更高的幸福感水平。拉古纳坦的研究表明，当人们每天被提醒关注自身幸福感时，他们会倾向于做出一些微小但积极的决策，让自己的生活更幸福，从而显著改善生活质量。

本书提出的一个关键策略或许也是最简单的：不要忽视快乐的重要性。在教学过程中，尤其是在面对困难情境时（每位教师都会经历这样的时刻），我们可能会无意间忽略在课堂上优先考虑学生的幸福感。例如，我们可能屈从于某些家长的不合理要求，或为推进学生持续学习而忽视必要的休息时间，甚至在未充分认可学生学习成果的情况下匆匆进入下一阶段的教学任务。在当前以考试为导向的问责制教育环境中，许多美国教师面临着巨大的压力，这使得他们在课堂上更倾向于关注学术表现而非学生的幸福感。

然而，正是对快乐的追求让我作为一名教师能够长期坚持下去。无论是在芬兰、美国还是世界其他地方任教，我都始终致力于将快乐作为课堂的核心价值之一。这种理念不仅能够帮助学生更好地成长，也能为教师自身带来更多的职业满足感。那么，你是否也愿意将快乐融入你的教学实践之中呢？

❖精彩回顾❖
芬兰教育少教多学的33个策略

策略1：安排短暂大脑休息时间

芬兰式课间休息的核心益处在于它通过这种模式，让大脑得到适当的放松，从而保持学生的专注力。学生不应该被榨干时间、过度安排，定期休息可以促进青少年的自发性和创造力。

策略2：具身学习：将站立或运动融入课堂

每个学生都值得享有这种主动参与、充满活力的学习体验，增加身体活动量，减少学生坐着的时间。灵活运用具身认知教学法，将站立或活动自然地融入课程中，利用角色扮演，唤醒课堂活力，培养课间活动组织者，灵活安排座位。

策略3：放学后充电：师生都拥有自由时间

教学更像是一场马拉松，而非短跑。无论是教师还是学生，都要给自己留足修复的时间。教育成效不取决于工作时长，师生共同保持适度工作节奏与恢复空间，才能实现教与学的可持续发展。教师应设立明确的工作/休息界限，同时采取“最低限度”家庭作业策略，保障学生放学后的自由活动时间。

策略4：学习空间简约化

将“少即是多”视为核心理念，简洁、有序的环境减少视觉干扰，提升学生专注力。教室的墙壁布置要给学生传递一种庄重而神圣的氛围，通过精选展示少量高质量学生作品，既保留学习成就感又避免冗余刺激。教师将节省的装饰时间投入核心教学，并通过让学生参与布置增强学习责任感。

策略5：呼吸新鲜空气

学生接触自然光越多，表现就越好。芬兰人并非糖塑之躯，除非室外气温低于零下15摄氏度，否则小学生必须到户外活动，如进行冬季冰钓、滑雪等，这类接触自然的行为不仅能缓解注意力疲劳，还能通过促进多巴胺分泌提升认知能力。

策略6：走进大自然：去野外探险吧

自然游戏空间可以有效减少霸凌行为，并对抗儿童肥胖和超重问题，且提供其他心理和身体健康益处。自然教育还能改善学生的认知功能，让孩子远离自然缺失症。可适当安排森林课程，比如将数学课搬进松树林等。

策略7：保持平静

学习应该在平和友好的工作氛围中进行，以促进学生的全面发展。让学校内弥漫着一种非凡的宁静氛围。可带着学生进行正念训练，并融入到教学日常中，为每个人创造规律性的平静时刻。

策略8：组建学生福利团队

我观察到芬兰同事们非常重视彼此之间的联系，在学校内花费大量时间进行交流和高频的专业互动，他们彼此分享最佳教学实践经验、协同解决教学问题，更在此过程中建立起深厚的职业情谊。除在与成年人朋友的关系上定期投入时间外，我还建议所有教师借鉴芬兰推行的“学生福利团队”机制，定期与“学生福利团队”会面。在芬兰，任课教师可以根据需要，召集由校长、校医、社会工作者、心理医师和特殊教育教师组成的专业团队，共同研讨班级个性化需求。

策略9：了解每个孩子

我重视他们作为独立个体的存在，而不仅仅是一个班级群体中的一员。每天在门口的那个短暂时刻，我有时会称赞某个学生的新发型，或者询问某个体育赛事的情况。这些看似微不足道的互动，其实只是为了说一句“我看见了你”。除此之外，你还可以与他们共进午餐或者家访。

策略10：和学生一起游戏

芬兰教育者倡导“柔性启动”理念，开学首周以讨论、游戏代替正式课程，强调自然过渡与低压力环境，与美国强调程序化管理的“开学第一天”教学理念形成鲜明对比。学年初期核心价值在于培养师生关系而非机械执行计划，通过“人名宾果”等互动游戏创造轻松氛围，为后续学习奠定情感基础。

策略11：庆祝学生的学习

芬兰公立学校在家政等实践课程中设置成果品鉴环节，通过共同庆祝劳动成果强化学生的归属感、自主性与精进动力，揭示学习仪式感对激发内驱力的重要性。

通过借鉴诗歌日、班级博客等跨文化实践案例，教师应系统性设计庆祝仪式，将成果展示转化为强化学习意义、激励深度参与的有效教学策略。

策略12：追求班级梦想：以班级营地之旅为例

芬兰班级营地之旅是小学教育中极具意义的集体仪式，学生通过多年筹款（如烘焙义卖、校园舞会等）自主承担责任，培养组织能力与社会意识。这一过程显著提升班级凝聚力，师生关系与同伴协作在共同经历户外活动（如桑拿、露营、运动项目）后更加紧密，形成归属感与团队精神。其成功关键在于师生民主决策与全员参与，教师需灵活调整计划（如投票选择营地），并借助家长、同事协作，确保活动既符合实际又能包容每位学生的需求。

策略13：消除霸凌行为

芬兰KiVa反霸凌项目通过预防教育、系统化调解流程及学生自主协商机制（如高年级调解员介入、两周后跟踪会议）构建了“防治结合”的全周期干预体系，强调培养施暴者与受害者的自省能力而非强制道歉，将冲突转化为学生自主解决问题的实践机会，通过持续跟踪和家校协同维护校园正能量，从根本上塑造抵制霸凌的主体意识与文化生态。

策略14：伙伴制度：结伴帮扶

跨年级伙伴制度以6年级与1年级学生结对为核心，通过联合寻宝活动、课业辅导及外出考察等协作实践，显著提升了低年级学生的校园归属感，同时培养了高年级学生的责任感与榜样意识。

策略15：从自由开始

芬兰教学实践中颠覆传统的“逐步释放责任”理论，尝试从初始阶段赋予学生充分自主权，通过烘焙义卖、自主学习周等实验发现并展现学生超预期的自我管理能力和协作效能，有效激发学生的高阶思维与创造性问题解决能力。

策略16：留白体验

写作课程改革中，我采用工作坊模式引导学生开展研究型写作项目（如起草、同伴互评和自主修订），通过“留白体验”实现差异化教学——既允许优势学生自主探索（如独立使用图书馆资源或使用MP3播放器助力专注），又通过即时的个性化反馈（如黑板预约制师生会谈）为困难学生提供动态支持。

策略17：提供有意义的选择

受芬兰教育工作者启发，通过开放式任务设计（如自选阅读展示、历史深度问题探究）重构自主性培育路径，将愤怒的小鸟式兴趣嫁接转化为分类、叙事等跨学科实践，兴趣驱动比任务完成更能激活深层学习动机。教学自主权的最高形态是师生课程共建，通过共同规划打破传统教学设计，真正实现“有意义的选择”。

策略18：与学生共同规划

芬兰赫尔辛基的伦理教育实践中，我通过民主讨论与可持续发展项目重构教学模式：从最初引入芬兰式课间休息制度，到围绕太阳能议题开展跨学科研究（学生自主设计展示内容并联动学校实际项目），师生共同规划将教师引导与学生创造力结合，使伦理课堂成为激发责任感与协作精神的实验场。

策略19：让教学贴近现实

“我和我的城市”通过模拟微型商业城市，让6年级学生沉浸式扮演职业角色，学习经济运作与公民责任。芬兰教育强调真实场景学习，从模拟城市到缝纫、木工等实践课程，通过赋予学习明确现实意义激发学生使命感，印证了“贴近现实”的教学策略对学生认知和动力的深层影响。

策略20：强调责任

我发现芬兰的学校管理者和家长之所以信任教师，是因为他们尊重教师的专业精神。我察觉到一种普遍信念：教师能够在没有外部压力的情况下出色地完成工作，而这种方式最终让所有人感到更加满意。相反，由恐惧驱动的问责制往往会剥夺个人体验有意义责任的机会，从而削弱其内在动力。让学生承担更多责任自然是减轻教师工作量的一种方式，但承担责任也是学生在生活中需要的一项重要技能，我认为让他们练习这一点很重要。

策略21：教授核心知识

芬兰教育体系强调高效集约：每周课时紧张倒逼教师采用“逆向课程设计”，依托教科书模块精准匹配课时，通过小组讨论、作业练习等传统方式夯实基础，促使作者反思辅助性活动对核心教学的干扰，转而聚焦课程大纲优先级，利用教材规划提升课堂实效。芬兰课时稀缺与课程结构严谨性要求教师克制创新冲动，在保持以学生为中心理念的同时优先确保学科基础，将创新活动定位为课程目标的支撑而非主导。

策略22：深度挖掘教材价值

美国教育工作者普遍质疑商业教材的“去教师化”倾向，认为其脚本化课程压制教学创造力并形成标准化考试的利益闭环，而芬兰教师则秉持批判性使用策略，将教材视为可筛选优化的资源库，灵活服务于教学目标与学生需求。教师专业判断萃取精华，使商业教材在课程目标框架下转化为促进学生深度学习的弹性工具。

策略23：合理利用技术

芬兰教室中的技术设施呈现“适度数字化”特征，其计算机实验室多使用10年前的老旧设备且无专职技术教师，拒绝盲目追求硬件迭代，强调教师根据教学实效自主选择技术工具。

策略24：引入音乐

芬兰教育体系深度整合音乐与学术课程，如设置与数学同等课时的音乐课、学生主导乐器教学及跨学科音乐项目（如嘻哈歌词分析）。实证研究揭示音乐训练可增强认知神经处理能力，促进语言、数学等学科表现。音乐作为教学媒介具备普适性：从低龄学生的节奏数数游戏到高中文学鉴赏的歌词分析，音乐元素通过模式识别、记忆强化与情感共鸣打破学科壁垒，成为知识内化的高效催化剂。

策略25：设计学习目标，在实践中引导更多

芬兰学校通过木工、家政等实践课程贯彻“做中学”理念，教师以教练身份提供精准反馈，摒弃传统讲授模式，强调学生在真实项目中主导学习，激发自主性与掌握技能。此外，教师需要为学生设定明确且可实现的目标，以确保反馈的高质量与有效性。

策略26：运用创新方式与批判性思维证明学习结果

芬兰教育逐渐弱化传统数字评分，转向形成性评估与叙述性反馈，教师自主设计开放性测试，要求学生通过论证具体案例和跨学科问题来展示深度学习成果。该评估体系强调通过定制化考试考察学生解决复杂现实问题的能力，这种模式在国际测评（如PISA）中显现优势，同时激发学生的批判性思维与学习自豪感。教育改革体现于高中毕业考试的创新设计，要求考生应答跨学科争议性议题，反映了芬兰教育从标准化测试向能力导向评估的转型，为教师提供兼顾学科深度与思维培养的实践范式。

策略27：讨论分数

以学生为中心的教学方法，取消了传统考试和家庭作业，让学生自主学习并根据参考指南和评分标准完成任务，同时通过自然后果促使学生对自己的学习负责。与学生进行个别会议，让学生参与评分过程，这种方式不仅尊重学生，还帮助他们反思学习进展并增

强对成绩的掌控感。与学生讨论成绩颇具价值，通过个别交流帮助学生更深入地理解成绩，从而支持他们在学术上追求更高水平的精通。

策略28：追求心流状态

当我们全神贯注于目标时，心流体验更容易产生。回想那些我认为自己发挥最佳水平的教学时刻，往往是当我能够完全专注于当前任务而不受干扰的时候。例如，在写作工作坊中，当学生们独立完成任务且无需打扰时，我可以全身心投入到与个别学生的深入交流中。为了实现这一状态，我通常需要引导学生以专注的方式工作，从而为自身创造一个无干扰、能够全情投入的教学环境。

策略29：增强心理韧性

芬兰导师以“家庭—学校专家角色分立”理念重塑教师专业边界，强调教师需如凯夫拉纤维般坚韧，在家长互动中保持专业自信而非妥协迎合，培育心理韧性以抵御职业压力。芬兰“sisu”精神赋能教师职业发展：将逆境视作常态，在坚持专业立场与接纳反馈间寻求平衡，使韧性成为维护教学效能与课堂积极氛围的文化基因。

策略30：咖啡时光中的漫谈与合作

芬兰教师将合作视为教育成功的内核而非附加任务，合作即教学常态。合作文化以高频次、低门槛的日常互动为特征——如利用15分钟咖啡时间进行教学资源共享、学生需求探讨及课程优化。

策略31：构建开放课堂：欢迎专家参与

芬兰教育实践中的“开放课堂”策略打破教师单兵作战模式，通过跨学科协作（如物理教师指导电学实验、同事协助性教育开展匿名问答）激活校内专家资源网络，重构教师作为资源整合者的角色定位。该策略以“教师互换”（如年级间交换授课）、学生“小老师”赋权等形式降低实施门槛，优先挖掘校内潜在专业力量，既实现教学内容的场景化创新，又通过互助机制缓解教师的职业倦怠。

策略32：充分利用假期放松身心

芬兰教师普遍在暑假期间完全脱离工作，利用假期充分休息和恢复精力，这种做法有助于提升工作效率和生活质量。合理规划假期、充分休息不仅能提高工作满意度和生产力，还能帮助人们更专注、更放松，从而更好地应对工作压力。

策略33：别忽视快乐的重要性

关注学生的幸福感不仅能提升他们的整体学习体验，还能显著促进学业成就。芬兰教育体系以“快乐”为核心理念，强调通过关注幸福感来优化学习环境，这种做法符合研究结论，即幸福感与学术表现并非对立，而是相辅相成。在教学中，教师应优先考虑学生的幸福感，例如合理安排休息、认可学习成果等，这不仅能帮助学生成长，还能为教师自身带来职业满足感，从而实现更长久的职业坚持。

致谢

3年前，我收到了纽约市编辑黛博拉·马尔穆德（Deborah Malmud）发来的电子邮件。当时，我在赫尔辛基教书刚满一年，并运作着一个名为“芬兰教学手记”（Taught by Finland）的博客。黛博拉询问我是否考虑过撰写一本书。在此之前，我从未有过这样的想法。我衷心感谢黛博拉从一开始就坚信我能完成《如何让孩子喜欢上学》这一著作。同时，我也要感谢诺顿（Norton）出版社团队的其他成员在整个项目期间给予我的顶级协助。

此外，我要特别感谢帕西·萨尔伯格（Pasi Sahlberg）教授。自我在赫尔辛基第一年教书以来，他一直鼓励我以局外人的视角记录芬兰教育实践，并持续展开讨论。听闻我写书后，他欣然为本书撰写了序言。在此，我也向雷苏综合学校（Ressu Comprehensive School）的前同事们和学生们表达诚挚的谢意，与你们共度的两年时光弥足珍贵，令我难忘。在撰写本书的过程中，我还与多位来自其他学校的芬兰教育工作者进行了交流，他们慷慨分享宝贵的时间和见解，为本书增色良多。

在前往赫尔辛基任教之前，我有幸得到了几位杰出的美国教育专家的指导。感谢布莱恩、亨利、乔安娜、凯西、琳达·卢、莉萨、史蒂文和特里西娅对我的悉心教导和支持。此外，我要特别感谢我的妻子约翰娜以及我们的孩子米赛尔和阿黛莉亚，他们的温情陪伴始终是我前行的力量源泉。最后，谨以最深切的敬意感谢上帝赐予的恩典与指引。